Ronald C. Warren
Super, Papa!

Über den Autor

Roland C. Warren war Investmentbanker bei Goldmann und Sachs, Manager bei IBM und Pepsi sowie stellvertretender Direktor für Entwicklung an der Princeton University. Er war mehr als zehn Jahre Vorsitzender der Nationalen Väterinitiative der USA, einer der führenden Dienste, die sich in Gemeinden, Schulen, Krankenhäusern, Gefängnissen, Wirtschaftszweigen und der Armee um die Belange von Vätern kümmert. Er lebt in Clarksburg, Maryland, und ist seit 30 Jahren verheiratet mit Dr. Yvette Lopez-Warren. Die beiden haben zwei erwachsene Söhne.

Roland C. Warren

Super Papa!

Was Väter aus den Fehlern
von Abraham, David & Co.
lernen können

Aus dem Englischen von Frank Grundmüller

Für meine geliebte Ehefrau Yvette,
die mich damit beschenkt hat,
Vater zu sein.

Für meine Söhne Jamin und Justin,
die mir mehr Freude machen,
als sie je wissen werden.

Im liebevollen Gedenken an
Jeffrey „Jay" Young (1961–2012),
einen guten Vater.

Für meine Mutter Angie Cohen.
Danke, dass du da warst,
als er es nicht war.

Inhalt

Vorwort von Jamin Warren 9

Einleitung – Ein Weckruf an Väter 12

1. David – Er war gelähmt von seinen
   früheren Fehlern 25

2. Laban – Er ließ seine Kinder um seine
   Zuneigung kämpfen 37

3. Jakob – Er sah bei Geschwisterrivalität weg 51

4. Saul – Er machte es seinen Kindern schwer,
   ihn zu ehren 70

5. Abraham – Er gab sein Kind auf 88

6. Eli – Er versäumte es, seine Kinder zu bestrafen 107

7. Manoach – Er versäumte es, die Talente
   seines Kindes zu zähmen 127

8. Lot – Er schlug das Zelt seiner Familie
   nahe der Versuchung auf 142

9. Sechs Dinge, die ein Vater tun muss,
   um ein guter Vater zu sein 160

Epilog: Löcher und verwundete Seelen 193

Quellen 196

Dank 202

Über den Autor 205

Vorwort

Als mich mein Vater bat, dieses Vorwort zu schreiben, sträubte ich mich zunächst dagegen. „Such dir jemanden Berühmten", sagte ich zu ihm. „Du willst doch, dass deine Bücher gekauft werden; bei deinen vielen Kontakten findest du sicher jemanden Berühmtes, der dir das schreibt." Er reagierte mit einem Schmunzeln und sagte dann: „Es gibt niemand Besseren als dich, der über deinen Vater schreiben könnte." Also los.

Von klein auf ging ich in die Kirche, und wie die meisten, die jeden Sonntag den Gottesdienst besuchen, hörte ich dieselben Geschichten immer wieder: die Heldentaten von Abraham, Isaak, Jakob und David. Sie sind kein neuer Stoff, und Theologen wie Pastoren haben bereits über diesen Texten gebrütet, um immer neue Auslegungen zu finden. Mir kam es aber irgendwann so vor, als würde es da nichts Neues mehr geben. Als dann mein Vater sagte, er untersuche die großen Männer der Bibel im Blick auf ihre Rolle als Vater, überraschte mich sein ungewöhnlicher Ansatz.

Wir als Menschen neigen oft dazu, großartige Geschichten beeindruckender Persönlichkeiten als Katalog heldenhafter Taten großer Männer und Frauen zu lesen. Folglich tendieren wir dann dazu, die Dummheiten und massiven Schwächen jener Personen, die wir so wertschätzen, mit Zuckerguss zu überziehen. In diesem Buch aber beschreitet mein Vater einen anderen Weg. Schonungslos und ohne Zurückhaltung schildert er vielschichtig und stellenweise sehr beunruhigend das Leben der „großen" Männer der Bibel als Väter. Keineswegs schmälert er dabei ihre großen Tugenden, die sie besessen haben mögen. Vielmehr will er diese Männer als Charaktere vorstellen, mit denen man in Beziehung treten kann, und die Macken und Versäumnisse der menschlichen Natur widerspiegeln.

Vor einiger Zeit erwähnte mein Vater in einem Gespräch den Gedanken der „Kongruenz". In der Geometrie sind zwei Formen kongruent, wenn sie in Größe und Gestalt übereinstimmen. Mit diesem Vergleich wollte er auf den Gedanken hinaus, dass das öffentliche und private Leben eines Menschen übereinstimmen sollen. Oft lösen sich große Männer aber von ihrem Privatleben, wenn sie Anerkennung und Erfolg anstreben. Sicher hat es seinen Wert, wenn sie der Welt ihren Stempel aufdrücken wollen, aber oft geschieht das auf Kosten ihrer Familien und Freunde – sogar mit generationsübergreifenden Konsequenzen, weil nachfolgenden Männern und Frauen ein Erbe an Schmerz und Enttäuschung mitgegeben wird.

Ich habe das Glück, einen Vater zu haben, der sein Vatersein als Handwerk versteht, als etwas, das erlernt und mit der Zeit entfaltet werden muss. Als ich das Buch zum ersten Mal las, war ich wirklich bewegt und erinnerte mich an all die kleinen Dinge, die mein Vater, während ich aufwuchs, praktiziert hatte: Er fragte mich, wie mein Tag gewesen war, spielte Videospiele mit mir, nahm mich einfach so in den Arm. All das waren Puzzleteile eines umfassenderen Systems seines „Papa-Seins". Und nun haben Sie die Möglichkeit, als Leser davon zu profitieren, indem Sie vielleicht das ein oder andere lernen, das Ihr eigenes Leben bereichern und Ihre Fertigkeiten als Vater verbessern wird.

Eine meiner guten Freundinnen nahm kürzlich Kontakt zu ihrem leiblichen Vater auf, der aus einer Reihe von Gründen kein Teil ihres Lebens gewesen war. Ihre Erwartungen waren gering. Schließlich kannte sie diesen Mann kaum, und sie konnte bestenfalls hoffen, dass sie in freundschaftlichem Kontakt bleiben würden. Seine Reaktion war jedoch wunderbar. Ihre Worte ihm gegenüber erfüllten ihn mit einer solchen Freude, dass er einen liebevollen Schriftwechsel mit seiner wiedergefundenen Tochter begann. Am stärksten bewegte meine Freundin, wie sie seine bejahenden Worte aufnahm und letztlich brauchte. Sie wünschte sich, solche Worte ihr ganzes Leben lang gehört zu haben. Es war der wunderbare Beginn einer dringend nötigen Versöhnung.

Jeder Vater muss sich entscheiden, was für ein Vater er sein bzw. werden will. In jedem Menschen steckt ein großes Potenzial zum Guten wie zum Schlechten. Ich hoffe jedenfalls, dass „Super, Papa!" für Sie zu einem hilfreichen Wegweiser wird, auf dem Weg ein guter Vater zu sein.

Jamin Warren

Einleitung

Ein Weckruf an Väter

„Der soll das Herz der Väter bekehren zu den Söhnen und das Herz der Söhne zu ihren Vätern, auf dass ich nicht komme und das Erdreich mit dem Bann schlage."
Maleachi 3,24

Vor einigen Jahren hatte meine Frau Yvette eine Begegnung mit einer Freundin, die mein Verständnis, was aus christlicher Sicht Vater zu sein bedeutet, dramatisch und nachhaltig prägte. Meine Frau erzählte mir, dass sie ihre Freundin, die keine Christin war, zum Mittagessen eingeladen hatte. Die beiden saßen draußen, es war ein herrlicher Frühlingstag und sie genossen das sehr. Statt wie üblich ihr Tischgebet im Stillen zu sprechen, fragte Yvette ihre Freundin, ob es sie stören würde, wenn sie Gott für das gemeinsame Essen danken würde. Ohne zu zögern, sagte ihre Freundin: „Nein, du kannst gerne beten."

Yvette begann mit den Worten: „Lieber himmlischer Vater…" Sie dankte Gott nicht nur für das Essen, sondern auch für den Sonnenschein, die quakenden Enten, die angenehme Luft… Als sie zu Ende war, bemerkte Yvette, dass ihre Freundin bedrückt aussah. Aus Sorge, dass sie ihre Freundin irgendwie verletzt habe, erkundigte sich Yvette, ob etwas mit ihrer Wortwahl nicht in Ordnung gewesen sei. Ihre Freundin hielt einen Augenblick inne und sagte dann: „O nein, das Gebet war schön. Aber ich habe mir Gott nie als himmlischen Vater vorgestellt. Mein Vater war solch ein *Schwein*.“

Als mir meine Frau diese Geschichte erzählte, beeindruckte mich, welchen direkten Einfluss die Beziehung, die Menschen zu ihren irdischen Vätern haben, darauf ausübt, inwieweit Menschen zu Gott als Vater in Beziehung treten können. Es ist durchaus verständlich, dass die Vorstellung von einem liebenden, himmlischen Vater keine Bedeutung für jene haben mag, die nie die Liebe ihres irdischen Vaters erfahren haben. Wenn sich ein Vater schrecklich verhält, ist es naheliegend, sich Gott ebenfalls als unendlich schrecklichen Vater vorzustellen.

Väter – irdische Abbilder einer himmlischen Realität

Die Bibel sagt, dass wir nicht mit Fleisch und Blut zu kämpfen haben, sondern gegen Mächte und geistliche Gewalten (Epheser 6,12). Über die Jahre hat Gott mir klargemacht, dass der Angriff auf das Vatersein wie auch die Strategie, Väter lieblos und wirkungslos zu machen, ein vorrangiges Ziel des Teufels ist. Warum das so ist? Wenn Väter distanziert, verwirrt und unzugänglich sind oder wenn sie ihre Kinder sogar missbrauchen, dann glauben Kinder, alle Väter seien so, selbst ein himmlischer Vater, der behauptet, sie bedingungslos zu lieben.

Das geht weit an Gottes ursprünglichem Plan vorbei. Sein Wunsch und Ziel ist es, dass alle Väter Aspekte seines Wesens widerspiegeln und irdische Abbilder einer himmlischen Realität sind. Matthäus 7,9–11 illustriert das recht deutlich. In diesem Abschnitt spricht Jesus zu einer Gruppe, zu der viele Väter gehört haben müssen:

„Wer ist unter euch Menschen, der seinem Sohn, wenn er ihn bittet um Brot, einen Stein biete? Oder, wenn er ihn bittet um einen Fisch, eine Schlange biete? Wenn nun ihr, die ihr doch böse seid, dennoch euren Kindern gute Gaben geben könnt, wie viel mehr wird euer Vater im Himmel Gutes geben denen, die ihn bitten!"

Aus Gottes Blickwinkel sind alle Väter – auch jene, die keine Christen sind – dazu geschaffen, seine Güte nachzuahmen. Wäre das nicht der Fall, so hätte ja der ganze Vergleich, den Jesus benutzt, keinen Sinn. Sie sehen also, dass ich überzeugt bin, dass gute Väter ein Beispiel der allen geltenden Gnade sind, so wie der lebensspendende Regen gleichermaßen auf Gerechte und Ungerechte fällt (Matthäus 5,45).

Es geht aber noch weiter. Wenn man über den Symbolgehalt des Beispiels Jesu nachdenkt, dann ist die tiefere Bedeutung – besonders für Väter – offensichtlich. Schauen Sie sich einmal den Vergleich von Brot und Steinen an. Besonders für kleine Kinder mögen ein Stück Brot und ein kleiner Stein gleich aussehen und sich gleich anfühlen. Aber sie sind nicht das Gleiche. Brot war und ist bis heute ein Grundnahrungsmittel, wenn es um die Versorgung und körperliches

Wohlbefinden geht. Außerdem steht es symbolisch für den Leib Christi, der zur Erlösung der Welt gebrochen wurde, also für geistliches Leben. Ein Stein konnte, besonders zur Zeit Jesu, ein Werkzeug der Zerstörung und des Todes sein. Steine wurden beispielsweise benutzt, um Menschen wie den Märtyrer Stephanus umzubringen.

Schauen Sie sich nun den Vergleich von Fisch und Schlange und ihre Symbolik genauer an. Der Fisch steht als ein Symbol für den christlichen Glauben. Die ersten Jünger Jesu waren Fischer, die er zu „Menschenfischern" machte. Voller Eifer gaben diese Männer die Gute Nachricht von der Erlösung weiter. Im Gegensatz dazu ist die Schlange ein Symbol des Bösen, das versucht, das Evangelium zu vereiteln und die Menschheit auf den Pfad der Zerstörung und des Todes zu führen.

Jesus fordert in diesem Abschnitt Väter dazu auf, das leibliche und geistliche Leben ihrer Kinder zu sichern. Väter sollen Wegbereiter sein und die Verbindung herstellen zu Gottes rettender Gnade. Indem sie ihren Kindern „gute Gaben" geben, erleichtert das den Kindern, die Beziehung zum himmlischen Vater aufzubauen. Wenn Kinder dann später die Worte „himmlischer Vater" hören, wirkt das einladend und ist keineswegs beunruhigend.

Die Wahrheit über die Kirche und die Männer

Die Wahrheit ist, dass Männer noch einen weiten Weg vor sich haben, um ihre Umwelt geistlich zu prägen. Im Jahr 2007 untersuchte die Barna Group in Beziehung zum Glauben stehende Aktivitäten, das Engagement und die Einschätzungen von Vätern und Müttern. Die Studie fand heraus, dass christliche Mütter im Blick auf geistliche Aktivitäten und Engagement die Väter weit hinter sich lassen. Die Barna-Untersuchung betrachtete speziell zwölf verschiedene Elemente des Verhaltens und der Sichtweisen, die mit dem Glauben in Verbindung stehen. Bei elf der zwölf Faktoren fanden sich Unterschiede zwischen Müttern und Vätern. So sagen Mütter eher als Väter, dass ihnen der christliche Glaube absolut wichtig ist und dass sie persönlich dafür Verantwortung übernehmen, anderen von ihrem Glauben an Jesus Christus zu erzählen. Darüber hinaus sind Mütter auch religiös aktiver und besuchen – in einer typisch ablaufenden Woche – eher einen Gottesdienst, beten, lesen in der Bibel, nehmen an einer Kleingruppe teil und besuchen Gemeindeveranstaltungen. Der einzige Bereich, in dem beide gleichauf liegen, ist die Bereitschaft, in der Gemeinde eine freiwillige Aufgabe zu übernehmen. David Kinnaman, der Präsident der Barna Group, drückt es so aus:

„Ob sie nun ein Elternteil sind oder nicht, Frauen in Amerika sind in hohem Maße geistlich interessiert und engagiert. Männer bleiben generell hinter dieser Spiritualität der Frauen zurück – das trifft besonders zu, wenn sie keine Väter sind. Anders gesagt, Kinder zu haben, intensiviert die geistliche Entschlossenheit von Männern, aber dennoch können die meisten Väter geistlich nicht mit ihren Erziehungspartnern Schritt halten.“[1]

Die Quintessenz lautet, dass wir an dieser Stelle ein grundlegendes Problem haben. Väter haben gezeigt, dass es zunächst einmal weniger wahrscheinlich ist, dass sie geistliche Verantwortung wahrnehmen, und selbst wenn Väter wirkungsvolle Leiter ihrer Familie sind, ist es notwendig, dass sie zusammen mit der Familie in den Kirchenbänken sitzen.

Vor einigen Jahren veröffentlichte das *Touchstone magazine* einen Artikel von Robbie Low – einen Gedankenanstoß unter dem Titel „Die Wahrheit über die Kirche und die Männer" –, der ein weiteres Licht auf die Verknüpfung von Vatersein und der rettenden Gnade Gottes wirft. In diesem Artikel untersucht Low Daten einer schweizerischen Studie, die feststellen wollte, ob die Religiosität einer Person auf die nächste Generation weitergegeben wird und was gegebenenfalls die Gründe oder Hindernisse dafür sind. Low bemerkt abschließend: „Das Ergebnis birgt Sprengstoff, denn es gibt einen ausschlaggebenden Faktor. Er ist überwältigend und lautet: Es ist die praktizierte Religiosität des Familienvaters."[2] Die Untersuchungsdaten belegen Folgendes:

Wenn Vater und Mutter regelmäßig einen Gottesdienst besuchen, tun dies auch 33 % ihrer Kinder regelmäßig und 41 % unregelmäßig. Nur 25 % besuchen den Gottesdienst dann überhaupt nicht.

Besucht der Vater den Gottesdienst unregelmäßig, die Mutter ist aber regelmäßige Kirchgängerin, gehen nur 3 % der Kinder regelmäßig und 59 % unregelmäßig zum Gottesdienst. Und 38 % besuchen überhaupt keinen Gottesdienst.

Geht der Vater nicht zum Gottesdienst und die Mutter regelmäßig, sind die Kinder nur zu 2 % regelmäßige und zu

37 % unregelmäßige Kirchgänger. Über 60 % der Kinder gehen dann nicht zum Gottesdienst.

Geht der Vater regelmäßig zum Gottesdienst, gehen 38 % der Kinder zur Kirche, obwohl die Mutter dies unregelmäßig praktiziert, und 44 %, wenn die Mutter überhaupt nicht den Gottesdienst besucht.

Diese Daten sind verblüffend und überzeugend. Kurz gesagt: Geht der Vater nicht regelmäßig zur Kirche, wird nur eines von fünfzig Kindern ein regelmäßiger Kirchgänger, wenn die Mutter regelmäßig zum Gottesdienst geht. Besucht ein Vater darüber hinaus regelmäßig den Gottesdienst, dann werden – unabhängig von der Praxis der Mutter – zwischen zwei Drittel und drei Viertel der Kinder (regelmäßige oder unregelmäßige) Kirchgänger. Selbst wenn der Vater ein unregelmäßiger Kirchgänger ist, besuchen zwischen der Hälfte und zwei Drittel der Kinder den Gottesdienst regelmäßig oder unregelmäßig. Obwohl sich diese Ergebnisse auf die Schweiz beziehen, denke ich nicht, dass man in den Vereinigten Staaten zu anderen Resultaten kommen würde.

Die Gemeinde einbinden

Angesichts der oben erwähnten Statistik sollte es verständlich sein, warum eines meiner wichtigsten Ziele als Präsident der National Fatherhood Initiative war, Gemeinden stärker in die Pflicht zu nehmen, sich um die Aufgabe zu kümmern, dass Väter ihr Herz ihren Kindern zuwenden. Letztlich ist es die Aufgabe der National Fatherhood Initiative, das

Wohlergehen der Kinder zu fördern, indem sichergestellt wird, dass Kinder engagierte, verantwortungsbewusste und hingebungsvolle Väter haben. Zu dieser Arbeit gehört die Aufklärung über die Dringlichkeit, denn landesweit wächst heute eines von drei Kindern – und drei von fünf Kindern bezogen auf die afroamerikanische Bevölkerung – in Familien auf, in denen kein Vater präsent ist.[3] Diese Kinder sind für eine Reihe besonders heikler sozialer Vorkommnisse stärker anfällig, wie etwa dafür, als Teenager schwanger zu werden, nur geringe schulische Leistungen zu bringen oder in Armut und Kriminalität abzurutschen.

Weil mich diese Fakten überzeugten, machte ich es mir zur Aufgabe, möglichst viele Pastoren zu erreichen und sie in den Kampf um die geistlichen und gesellschaftlichen Einflüsse auf Kinder und Familien einzubinden, wo Väter dies nicht tun. Diese Begegnungen begannen und endeten üblicherweise auf gleiche Art. Zu Beginn erzählte ich ihnen, dass nach meiner Überzeugung nur wenige Dinge Gott mehr am Herzen liegen, als sicherzustellen, dass ein Kind einen guten und gläubigen Vater hat. Dann sprach ich über den Einfluss, den teilnahmslose und abwesende Väter auf ihre Familien und Gemeinden haben. Man nickte dann zustimmend und bestätigte, für wie bedeutsam man diese Frage hielt und wie – in manchen Fällen – die Anwesenheit oder Abwesenheit des eigenen Vaters das Leben beeinflusst habe. So weit, so gut…

Wenn ich aber nachfragte, was konkret in ihren Gemeinden oder Werken getan würde, um Männern zu helfen, die Väter zu sein, die Gott sich wünschte, dann verfolgte man meist keinen Plan. Verstehen Sie mich nun bitte nicht falsch. Diese Gemeinden hatten üblicherweise irgendeine Form von Männerarbeit. Wenn ich allerdings nachforschte, was diese Männerarbeit beinhaltete, merkte ich, dass keine speziellen und bewussten Konzepte bestanden, Männern zu helfen, bessere Väter zu werden, und sie auszurüsten, ihre Fähigkeiten als Väter zu verbessern. Ganz zu schweigen von der übergroßen Vielzahl anderer Fragen, die ich angesprochen hatte.

- Hilft man Vätern, ihre besondere Berufung als christliche Väter zu verstehen?
  ... ihre biblische Verantwortung
  ... die Bedürfnisse ihrer Kinder
  ... wie man den Kontakt im Teenageralter nicht verliert
- Sind Väter in der Gemeinde organisiert, sodass sie sich gegenseitig unterstützen können?
  ... als frischgebackene Väter
  ... als Väter von Teenagern
- Welche Außenwirkung hat die Gemeinde auf Väter in der Kommune?
- Hilft man inhaftierten Vätern, damit diese
  ... in Kontakt mit ihrer Familie bleiben können, während sie im Gefängnis sind?
  ... den Übergang nach ihrer Entlassung schaffen?

Väter brauchen Hilfe!

Dies sind wirkliche Schlüsselfragen, weil Untersuchungen zeigen, dass Väter da eine Menge Hilfe brauchen. Vor ein paar Jahren führte die National Fatherhood Initiative eine umfassende Befragung durch mit dem Titel *Papas Kultur: Eine landesweite Umfrage zur Haltung von Vätern zum Vatersein.* Eine der Schlüsselfragen, die wir diesen Vätern stellten, drehte sich darum, wie gut vorbereitet sie sich als Vater fühlten. Fast die Hälfte der Väter gab an, dass sie nicht vorbereitet waren. Noch beunruhigender war, dass diese Väter auch die Frage bejahten, ob sie den Eindruck hätten, durch die Mutter ihrer Kinder oder einen anderen Mann ersetzbar zu sein.[4]

Es waren Antworten von Männern, die nicht erst noch Vater sein wollten, sondern es waren Antworten von Vätern mit Kindern, die noch zu Hause lebten und jünger als achtzehn Jahre alt waren. Und dennoch, trotz dieser beunruhigenden Statistik unternehmen Christen sehr wenig im Blick auf die Vorbereitung des Vaterseins. Die meisten Gemeinden und Männergruppen tun sehr wenig, um Vätern dabei zu helfen, die Fähigkeiten zu erlangen, die so dringend gebraucht werden.

Zusätzlich führte die National Fatherhood Initiative eine andere umfassende Befragung durch, die den Titel trug: *Mama sagt – Eine landesweite Befragung von Müttern zum Vatersein.* Diesen Müttern gab man eine Liste mit vier Binsenweisheiten, die Vätern Hilfe bieten sollten, bessere Väter zu sein, und bat sie, jede davon einzustufen als „sehr wichtig",

„ziemlich wichtig" oder „nicht wichtig". Achtzig Prozent der Mütter bewerteten „Kirchen und andere Glaubensgemeinschaften" als „sehr wichtige" Orte, von denen sie – noch vor Schulen, kommunalen Organisationen und dem Arbeitsplatz – Hilfe für Väter erwarten würden. In der Tat waren Gemeinden selbst bei Müttern, die sich als „nicht sehr religiös" oder „überhaupt nicht religiös" beschrieben, die erste Wahl.[5] Wenn also Gemeinden tatsächlich dem Ruf folgen würden, Männern dabei zu helfen, bessere Väter zu werden, dann liegt es nahe, dass Mütter innerhalb und außerhalb der Gemeinden dieses Bestreben unterstützen würden.

Jedenfalls gab mir Gott nach vielen Gesprächen mit Pastoren, Leitern von Männergruppen und christlichen Vätern einen Einblick in das, was vor sich geht. Ich bin überzeugt, dass man allgemein und fälschlicherweise glaubt, dass Männer zu besseren Christen zu machen bedeute, sie auch automatisch zu besseren Vätern zu machen. In anderen Worten: Gute christliche Männer seien gleichbedeutend mit guten christlichen Vätern. Ich muss zugeben, dass das logisch erscheint.

Doch hier ist das Problem dabei. Wenn ich beginne, das Leben vieler Männer zu untersuchen, deren Geschichte in der Bibel aufgezeichnet ist, entdecke ich ein beunruhigendes Muster. Vielen von ihnen, selbst jenen mit tiefem und treuem Herzen für Gott, sind einige ziemlich schlimme Fehler als Vater unterlaufen, die oft über Generationen weiterwirkten. Wenn also jene Väter Probleme hatten, warum dann nicht auch heutige Väter? Ich bin wirklich überzeugt, dass diese Fehler „schlechter Väter" Ansatzpunkt, Kern, Folgen und noch mehr in vielen biblischen Geschichten bilden. Gott liebt das Vatersein und die Väter, und er möchte, dass diese Fehler leicht erkennbar sind.

Aus diesem Grund habe ich das vorliegende Buch geschrieben. Ich hoffe, dass Sie aus der Betrachtung jener Beispiele des Vaterseins, an Männern wie Abraham, David und Eli – Männern, die Gott wirklich liebten –, aus deren Fehlern lernen werden. Wichtiger noch, ich bete darum, dass Ihnen dieses Buch als ein Weckruf dienen wird, sich darum zu mühen, die Väter zu werden, die Gott aus Ihnen machen möchte. Ich hege außerdem die Hoffnung, dass Sie im Blick auf das Vatersein ein besseres Erbe hinterlassen, als es einige dieser alttestamentlichen Väter taten. Ein Sprichwort sagt, dass der weise Mann aus seinen Fehlern lernt. Das ist wahr. Doch der *weisere* Mann lernt aus den Fehlern *anderer*.

1.   David

Er war gelähmt von seinen früheren Fehlern

„Gehört jemand zu Christus, dann ist er ein neuer Mensch. Was vorher war, ist vergangen, etwas Neues hat begonnen." 2. Korinther 5,17

Als ich zwanzig Jahre alt war, tat ich etwas, das kein christlicher junger Mann tun sollte. Meine Freundin Yvette wurde von mir schwanger. Ich erinnere mich, als sei es gestern gewesen, an den Moment, als sie mich anrief, um mir die Neuigkeit mitzuteilen. Sie weinte. Sie war verwirrt. Und sie war verängstigt, weil sie wusste, dass sie es ihrem Vater erzählen musste, der sich nicht wirklich darüber gefreut hatte, dass ich mit seiner Tochter ausging. Dazu kam noch, dass sich ihr Körper verändern und zu einer öffentlichen Erinnerung unserer Sünde werden würde; das würde sie beschämen und in Verlegenheit bringen.

Ich war ebenfalls erschüttert, aber vor allem war ich von mir selbst enttäuscht. Durch meinen Mangel an Selbstbeherrschung brachte ich die Frau, die ich liebte, in eine schwierige Lage. Ich hatte sie enttäuscht. Ich hatte meine Familie enttäuscht. Und am wichtigsten war, ich hatte Gott enttäuscht.

Eigentlich kannte ich seine Prinzipien im Blick auf sexuelle Reinheit, und ebenso wusste ich auch um die Folgen, wenn ich sie verletzte.

Es ist nur so, dass Ähnliches bereits in meiner Familie passierte: Mein Vater hatte meine Mutter geschwängert, als er etwa neunzehn und sie ungefähr sechzehn war. Obwohl sie heirateten und sie ein paar Jahre zusammenblieben, trennten sie sich schließlich. Mein Vater ging, wie viel zu viele andere Väter auch, auf Abstand und wurde meinem Leben gegenüber teilnahmslos; er verließ meine Mutter und sie musste vier kleine Kinder allein aufziehen. So schwor ich mir schon früh, nicht den Fehler meines Vaters zu wiederholen.

Um die Wahrheit zu sagen, fühlte ich mich in Anbetracht dessen, was ich nun getan hatte, wie ein Heuchler und war es auch. Ich war Christ und die meisten meiner Freunde wussten das. Ich ging regelmäßig zur Kirche und besuchte auch eine Gruppe, die sich mit biblischen Fragen auseinandersetzte. Ich war sogar Mitglied im Gospelchor der Universität. Ab und zu wurde ich auch ein wenig geneckt, weil ich manchmal eine große rote Bibel herumtrug, die ich in der Highschool bekommen hatte. Mein Glaube war mir nicht wichtiger als die Menschen, aber ich schämte mich auch ganz sicher nicht seinetwegen. Die Tatsache, dass jemand von mir schwanger war, war schon ein wenig widersinnig, besonders angesichts dessen, dass ich einige Freunde hatte, die offensichtlich sexuell aktiver waren als ich. Irgendwie erschien mir das nicht gerecht. Aber Taten – alle Taten – haben Folgen, und während man seine Taten kontrollieren kann, kann man die Folgen eigener Taten nicht kontrollieren. Das war keine leicht zu lernende Lektion. Noch heute bin ich herausgefordert, sie niemals zu vergessen. Ich entschloss mich daher, von da an das Richtige zu tun. Yvette und ich heirateten und bekamen unseren ersten Sohn Jamin. Ein paar Jahre später wurde unser zweiter Sohn Justin geboren.

Während meine Jungs aufwuchsen, verfolgte ich das Ziel, ihnen eine bessere Zukunft zu geben und eine mögliche weitere Teenagervaterschaft in unserer Familie zu vermeiden. Solange beide noch jung waren, sprach ich des Öfteren mit ihnen über das biblische Prinzip, mit dem Sex bis zur Ehe zu warten. Das war zunächst wirklich sehr einfach, denn sie waren mehr an American Football interessiert als an deren Cheerleadern und mehr an Schokoküssen als an denen von Mädchen. Aber ich wusste, dass sich das ändern würde, und das beunruhigte mich.

In gewisser Weise fühlte ich mich von meiner Vergangenheit verfolgt und davon, wie unser erster Sohn gezeugt wurde. Als die Zeit kam, mit Jamin „das Gespräch" zu führen, begann ich mir Sorgen zu machen, wie er mit der Nachricht umgehen würde, dass sein Vater ein Prinzip verletzt hatte, dessen Einhaltung er ständig betonte, solange er zurückdenken konnte. Ich befürchtete, dass – auch wenn er mich zu sehr wertschätzen würde, um es auszusprechen – er doch denken würde, dass ich ein Heuchler sei. Jedes Mal, wenn ich darüber nachdachte, war ich wie gelähmt, und das so sehr, dass ich zeitweilig versucht war, „das Gespräch" überhaupt nicht zu führen. Ich tat es aber doch und die Unterredung mit beiden Söhnen verlief gut. Ich war sehr ehrlich im Hinblick auf meinen

Fehler, meine Hoffnung und mein Gebet, dass sie zukünftige Teenagervaterschaften in unserer Familie vermeiden würden. Es war ein Segen, dass es beiden gelang.

Jahrelang habe ich über die Zwickmühle nachgedacht, in der ich mich befand. Aber ich erkannte, dass ich mich unter den Vorzeichen eines Missverständnisses abmühte, das bereits viele Väter gequält hat – Heuchelei und geistliches Wachstum zu unterscheiden.

Heuchelei ist, wenn man Kinder von etwas abzuhalten versucht, das man momentan selbst praktiziert. Wenn etwa ein Vater sagt: „Tue, was ich sage, aber tue nicht, was ich tue." Wenn Sie also Ihre Kinder zu ermahnen versuchen, mit etwas zu brechen, das unmoralisch oder ungesetzlich ist, während Sie selbst damit fortfahren, dann sind Sie ein Heuchler. Und sehr wahrscheinlich werden Ihre Kinder (und Ihre Frau) Sie darauf ansprechen.

Geistliches Wachstum hingegen heißt, dass Sie Ihre Kinder anhalten, etwas nicht zu tun, das Sie getan haben, weil Sie erkannt haben, dass es sich nicht um Gottes guten Willen gehandelt oder seine Prinzipien verletzt hat. Das ist der Fall, wenn ein Vater sagt: „Ich war früher blind, aber jetzt sehe ich die Welt viel klarer." In der Tat ist ein Blinder, der sein Augenlicht wiedererlangt hat und anderen hilft, einen gefährlichen Graben zu umgehen, in den er früher selbst gefallen ist, kein Heuchler. Er ist ein Held. So ist es auch mit dem Vater, der seine Kinder davor schützt, Fehler zu wiederholen, die er früher selbst begangen hat.

Im Leben von König David gibt es ein Beispiel dafür, wie er als Vater schlecht gehandelt hat. Es verdeutlicht, wie schlimm die Dinge sich entwickeln können, wenn ein Vater zulässt, dass ihn seine eigene Vergangenheit lähmt. Und obwohl David ein Mann nach dem Herzen Gottes war, war seine Familie nicht immun gegen die Folgen seines unterlassenen Handelns.

Die Saat von Fehlverhalten

Wahrscheinlich haben Sie in Ihrem Leben bereits die eine oder andere Predigt gehört über die Auseinandersetzung Davids mit seinem dritten Sohn. Absalom hatte einen so starken Hass auf seinen Vater entwickelt, dass er ihm nicht nur das Königtum nehmen wollte, sondern auch das Leben. Die meisten Leute konzentrieren sich auf das Erzählen des zerstörerischen Konfliktes zwischen den beiden. Ich denke jedoch, dass es ebenso wesentlich ist, zu untersuchen, wie die schädliche Saat von Fehlverhalten in die Familie stattgefunden hat, die schließlich das Leben der Vater-Sohn-Beziehung erstickte und zu so viel Leid in Davids Familie führte.

In 2. Samuel 13 berichtet uns die Bibel, dass Davids erster Sohn Amnon wie verrückt in seine hübsche Halbschwester Tamar verliebt war, deren Bruder Absalom war. Offenbar hatte Amnon große Schwierigkeiten, die Zuneigung Tamars zu gewinnen: „Er war ganz niedergedrückt und wurde fast krank ihretwegen." (Im wahrsten Sinne liebeskrank!) Jedenfalls heckte einer der „schlauen" Freunde Amnons den Plan aus, er solle sich hinlegen und vortäuschen, dass er krank sei.

Wenn David sich nach Amnon erkundigen würde, solle er darum bitten, dass Tamar zu ihm kommen und ihn gesund pflegen solle. Nun, alles verlief nach Plan und Tamar wurde in Amnons Zimmer geschickt.

Nachdem sie für Amnon Brot zubereitet hatte, verlangte er, dass jeder außer Tamar den Raum verlassen solle. Als sie allein waren, bat er Tamar, in sein Schlafzimmer zu kommen und ihm zu essen zu geben. Es wurde allerdings deutlich, dass Amnon nicht vorhatte, vom Brot allein zu leben. Er verlangte von Tamar, mit ihm Sex zu haben. Tamar lehnte das ab, und obwohl sie ihn anflehte und vorschlug, er solle doch einfach bei David um ihre Hand anhalten, wollte Amnon sich nicht zurückweisen lassen. Er vergewaltigte seine Schwester. Um die Sache noch zu verschlimmern, warf Amnon sie buchstäblich hinaus, nachdem er bekommen hatte, was er wollte. Er befahl seinem Diener: „Wirf mir die da hinaus", und der Diener warf sie hinaus und verriegelte die Tür hinter ihr.

Tamar war geschändet, weinte und ließ sich nicht trösten. Sie wusste, dass nun, da sie nicht mehr Jungfrau war, jede Hoffnung auf Heirat und Familie im Grunde zunichte war. Ihr Bruder Absalom traf sie in diesem Zustand an und fragte sie: „Ist dein Bruder Amnon bei dir gewesen?" Absalom tröstete sie und nahm sie bei sich im Haus auf. Dass er seine Schwester besonders lieb hatte, wird auch daran deutlich, dass er seiner Tochter den Namen seiner Schwester Tamar gab. Dennoch hört es sich nicht so an, als ob sich Tamar jemals von der Vergewaltigung erholte, denn die Bibel sagt, dass sie als „einsame Frau" lebte (13,20).

Absalom stellte Amnon nie für das zur Rede, was er Tamar angetan hatte, aber die Bibel macht sehr deutlich, dass Absalom ihn dafür hasste. Und David? Er war zwar zornig, als er herausfand, was Amnon getan hatte, aber er unternahm nichts, um in dieser Angelegenheit Recht zu schaffen, obwohl er um die Forderung des Gesetzes wusste, dass ein Mann, der eine Jungfrau vergewaltigt hatte, diese heiraten musste und sich nie von ihr scheiden lassen durfte.

Nun, zwei Jahre später, schmiedete Absalom einen Plan, um Rache zu nehmen. Er gab vor, Amnon mitnehmen zu wollen, um seine Schafscherer zu inspizieren, und David stimmte der Reise zu. Absalom hatte allerdings ganz andere Pläne. Er instruierte seine Männer, dass sie abwarten sollten, bis Amnon betrunken sei, um ihn dann zu töten – was sie auch taten.

Das alte Sprichwort, wonach „die Zeit alle Wunden heilt", traf in diesem Fall nicht zu, denn Absalom hatte von dem Tag an, an dem Amnon Tamar vergewaltigt hatte, seine Absicht deutlich gemacht, dass er Amnon töten werde. Absalom floh nach dem Mord und lebte bei seinem Großvater mütterlicherseits.

Nun hatte David seinen ältesten Sohn verloren. Und schon bald sollte er einen weiteren verlieren, denn ein paar Jahre später sollte Absalom nach einer fehlgeschlagenen Verschwörung, den Thron seines Vaters zu übernehmen, getötet werden. Außerdem vermute ich, dass die Mütter von Amnon, Absalom und Tamar auf David sehr verärgert waren, weil er es einfach unterlassen hatte, etwas zu unternehmen, um den schwelenden Konflikt beizulegen. David bezahlte für seine

Untätigkeit einen wirklich hohen Preis. Warum aber hatte er es überhaupt so weit kommen lassen, dass dies alles geschah?

Gelähmt von der eigenen Vergangenheit

Die Bibel beantwortet uns diese Frage nicht im Detail, aber meines Erachtens liegt die Ursache dafür in Davids Vergangenheit. Denn als David mit Batseba Ehebruch beging, hatte er sich genauso falsch verhalten wie später sein Sohn Amnon. Auch er benutzte seine Macht, um an eine Frau heranzukommen, die nicht die seine war. Zwar hat er sie nicht vergewaltigt, doch er tat etwas Schlimmeres. Um seine eigene Sünde zu verschleiern, fädelte er alles so geschickt ein, was zur Konsequenz hatte, dass Batsebas Ehemann Uria getötet wurde.

Wahrscheinlich wusste Amnon – und jeder in Davids Familie – von dieser Sünde mit Batseba. Letztlich dürften viele es mitbekommen haben, dass der König damals ein Kind bekommen hatte, das verstarb. Ich bin daher davon überzeugt, dass David deshalb nach der Vergewaltigung so zurückhaltend reagierte, gegen Amnon etwas zu unternehmen, weil er befürchtete, dass dieser und wohl auch andere ihn beschuldigen würden, ein Heuchler zu sein. Man kann sich Satan, den Ankläger, geradezu vorstellen, wie er David ins Ohr flüstert: „David, unter allen Menschen bist gerade du nicht in der Position, jemanden zu verurteilen. Solltest du nicht aufgrund deiner eigenen Sünde tot sein? Du Heuchler!" Denn in demselben Abschnitt im 5. Buch Mose, der fordert, dass ein Mann, der eine Jungfrau vergewaltigt hat, diese heiratet, steht auch, dass derjenige, der mit der Ehefrau eines andern schläft, sterben muss.

Ich bin überzeugt, dass David durch seine eigene Vergangenheit und sein damaliges Fehlverhalten gelähmt war.

Aber das hätte er nicht sein müssen. Warum? – Weil David wirklich Buße getan hatte für seine Sünde mit Batseba. Als der Prophet Nathan ihn damit konfrontiert hatte, sagte David: „Ich habe gegen den Herrn gesündigt." Und Gott, der der oberste Richter und Gebieter ist, sagte David, dass er nicht sterben werde für seine Sünde des Ehebruchs. Außerdem fuhr David nicht damit fort, weiter auf diese Weise zu sündigen. Er ging vielmehr gestärkt aus dieser Erfahrung hervor und ist durch die empfangene Gnade Gottes geistlich gewachsen. So verfasste David den Psalm 51 als ein ernstes und wunderbares Beispiel der Reue. Schauen Sie sich einmal genau an, was er in den Versen 5 und 6 sagt:

„Denn ich erkenne mein Unrecht, meine Schuld steht mir ständig vor Augen. Gegen dich habe ich gesündigt – gegen dich allein! Was du als böse ansiehst, das habe ich getan. Darum bist du im Recht, wenn du mich verurteilst, dein Urteil wird sich als wahr erweisen."

Leider habe ich bereits viel zu viele Situationen miterlebt, in denen Väter aufgrund der eigenen Sünden und Übertretungen ihrer Vergangenheit so gehandelt haben wie David. Einmal beispielsweise sprach ich mit einem Vater, der meinte, er könne seiner Tochter nicht sagen, dass sie keine Drogen konsumieren sollte, weil er das als Teenager getan hatte. Zusätzlich gibt es zahllose Väter, die ihren Kindern aufgrund ihrer eigenen sexuellen Vergangenheit in puncto Sex nicht hineinreden wollen, obwohl die Forschung zeigt, dass Kinder, deren Väter bewusst Stellung beziehen und Grenzen aufzeigen, weniger wahrscheinlich frühzeitig sexuell aktiv werden.

Untätigkeit oder Apathie ist ein Fehler. Sie ist Teil von Satans Plan, die Familie zu zerstören, so wie er es in Davids Fall machte. Es kommt daher darauf an, dass sich Väter nicht lähmen lassen von dem, was in ihrer eigenen Vergangenheit liegt. Gott braucht gute Väter, die handeln. Letztlich steht das leibliche, seelische und geistliche Wohl ihrer Kinder auf dem Spiel.

🔎 Zum Nachdenken

Im dritten Kapitel des Römerbriefs steht, dass wir alle gesündigt haben und dass wir nichts vorzuweisen haben, das Gott gefallen könnte (3,23). Es ist deshalb natürlich wie menschlich, dass auch jeder Vater Dinge in seiner Vergangenheit tat, die er bereut.

Die gute Nachricht lautet jedoch, dass Gott, wenn wir unsere Sünden bekennen, treu und gerecht ist und sie uns vergibt und uns von aller Ungerechtigkeit reinigt (1. Johannes 1,9). Mit anderen Worten, wenn wir unser Fehlverhalten, unsere Sünden, aufrichtig bekennen, drückt Gott den „Reset-Knopf" und schenkt uns einen Neuanfang. Der Schlüssel dazu liegt darin, Gottes Vergebung anzunehmen und mit unserem Leben einen Schritt weiterzugehen. Wenn Sie mit Ihrer Vergangenheit und dem Annehmen der Vergebung Gottes kämpfen, dann verwenden Sie etwas Zeit darauf, sich mit den nachstehenden Bibelversen auseinanderzusetzen.

- *„Denn durch sein Blut, das er am Kreuz vergossen hat, sind wir erlöst, sind unsere Sünden vergeben. Und das verdanken wir allein Gottes unermesslich großer Gnade. In seiner Liebe beschenkte er uns mit Weisheit und Erkenntnis seines Willens."* Epheser 1,7–8
- *„Schwere Schuld drückt uns zu Boden; doch trotz unserer Untreue wirst du uns vergeben."* Psalm 65,4
- *„Euch Kindern schreibe ich, weil ihr den Vater kennt; ebenso habe ich euch Vätern geschrieben, weil ihr den kennt, der von Anfang an da war. Und euch, ihr jungen Leute, habe ich geschrieben, weil ihr in eurem Glauben stark geworden seid. Gottes Wort wohnt in euch, und ihr habt den Bösen besiegt."* 1. Johannes 2,14

⚑ Verändern Sie Ihr Vatersein

Als David herausfand, dass Amnon seine Schwester Tamar vergewaltigt hatte, war er zornig, aber leider unternahm er nichts, um die Situation zu klären und Dinge in Ordnung zu bringen. Stattdessen nahm er die Vogel-Strauß-Haltung ein, steckte einfach den Kopf in den Sand und hoffte, die Lage werde sich von selbst bessern. Doch die Vogel-Strauß-Strategie verhindert nicht, dass Gefahren und Probleme existieren. Sie beschränkt lediglich unsere

Fähigkeit, sie kommen zu sehen und im Voraus darauf gut und entsprechend zu reagieren.

Gibt es Probleme und Konflikte, die in Ihrer Familie schwelen und die Sie in der Hoffnung umgehen, dass sie sich von allein lösen werden? Wenn das so ist, ist jetzt der Zeitpunkt, sie anzusprechen und aktiv zu werden. Verwenden Sie ein paar Minuten darauf, zu beten und anschließend die Schwierigkeiten aufzulisten. Überlegen Sie, wie Sie diese aktiv angehen sollten.

Er ließ seine Kinder um seine Zuneigung kämpfen

„Die Liebe freut sich nicht über die Ungerechtigkeit,
sie freut sich aber an der Wahrheit; sie erträgt alles,
sie glaubt alles, sie hofft alles, sie duldet alles."
1. Korinther 13,6–7 (LÜ)

Im Jahr 2005 gewann der Sänger und Liedermacher John Mayer den amerikanischen Musikpreis Grammy in der Kategorie „Song des Jahres" für sein Lied mit dem Titel „Daughters" (Töchter). Darin erzählt Mayer von einem Beziehungswirrwarr, das er mit einer Frau hat, in die er wahnsinnig verliebt ist. Entgegen seinen besten Absichten und obwohl er ihr sein Herz schenken will, scheint es ihm einfach nicht zu gelingen, sich ihr zu nähern. Sie hat Angst, sich verletzbar zu machen; es gibt aber keine wirkliche Nähe ohne Verletzlichkeit. Dann hat Mayer eine Eingebung … einen Aha-Moment. Ihm wird bewusst, dass er gar nicht das Problem dieser Frau ist. Sie leidet vielmehr unter „Vater-Problemen". Ihr Vater hatte sich vor Jahren aus ihrem Leben verabschiedet.

John Mayer ist ein sehr begabter Sänger und Musiker. Man könnte annehmen, dass er nur allzu gut weiß, wie man mit einer eingängigen Melodie die Saiten des Herzens zum Schwingen bringen kann, um CDs zu verkaufen – besonders an die Millionen seiner weiblichen Fans. Aber es stellte sich heraus, dass dieses Lied autobiografisch ist. Bei einem Auftritt in einer Musikshow verriet er einmal, was ihn einige Jahre zuvor motivierte, „Daughters" zu schreiben:

„Ich war ganz furchtbar in ein Mädchen verliebt ... aber sie schaffte es nicht, Männern zu vertrauen. Die Ursache dafür lag beim ersten Mann in ihrem Leben, dem sie nicht vertrauen konnte ... Ich versuchte herauszufinden, wie ich nun dieses Mädchen wirklich lieben konnte; aber die Antwort lautete, dass man das nicht kann, weil jemand anderes vor einem das nicht getan hatte ... Sollte ich einer weiteren hübschen Frau mit „Vater-Problemen" begegnen, dann würde ich verrückt werden..."

John Mayer ist bekannt dafür, einige aufsehenerregende Beziehungen mit Promi-Frauen gehabt zu haben, und für einige wirklich unangemessene Dinge. Doch selbst wenn Mayer nicht gerade der beste Botschafter in Sachen Beziehung ist, so liegt doch eine tief greifende Wahrheit in seiner Botschaft. Und interessanterweise hat er mit seinem Lied wirklich eine Saite zum Schwingen gebracht. Mit ein paar Hundert Worten drückt er paradoxerweise mehr aus als einige Bücher über das Vatersein, die ich gelesen habe. Als ich einmal eine Internetseite anklickte, um mir dort das Video des Liedes anzusehen, war ich in der Tat begeistert über die Kommentare, die einige Frauen gepostet hatten. Hier eine kleine Auswahl:

„Dieses Lied löst bei mir so viele Gefühle aus. Ich habe geweint, als ich es zum ersten Mal gehört habe."

„Mein Vater musste fortgehen, als ich sechs war. Ich sah ihn wieder, als ich neunzehn war, und war mit ihm befreundet, bis er starb – da war ich 28 ... dennoch hinterließ er ein Loch in meinem Herzen."

„Das erinnert mich an meinen Vater; er ging weg, also, ich weiß nicht, wann er wegging, aber ich weiß, dass er irgendwo da draußen ist, und ich hoffe, dass ich ihn eines Tages finden werde und ihn fragen kann, warum er weggegangen ist."

„Dieses Lied beschreibt mich. Mein Vater ist nicht wirklich für mich da."

Die Beiträge stecken voller Gefühl, Schmerz, Sehnsucht und Unsicherheit. Die Schreiberinnen sehnen sich nach einer bedeutsamen Liebe, die verloren ging, und nach einer Verbindung, die nie geknüpft wurde und dennoch sehr nötig ist. Allerdings haben nicht alle Beiträge diese Färbung. Eine Frau schrieb, dass sie ihren Vater hasse und dass er „sich dieses Lied anhören solle". Es bedrückte mich, zu sehen, dass sie noch ein Teenager war und dass ihr Lieblingslied *„I Hate You"* (Ich hasse dich) ist und von einer Band stammt, die passenderweise den Namen *Sick Puppies* (Kranke Welpen) trägt.

Oft wird die Bedeutung von Vätern im Hinblick auf ihre Söhne betont – und das mit Recht. Es ist schwierig, etwas zu sein, das man nicht sieht. Und wenn Jungs keine guten Väter vor Augen haben, die sie, ihre Mütter und ihre Familien lieben, ist es viel schwieriger für sie, selbst zu guten Vätern heranzuwachsen, die dies tun. Gleichwohl spielen Väter, wie die Kommentare der Frauen und Mädchen oben widerspiegeln, auch in deren Leben eine ungeheuer wichtige Rolle. Ihr Schmerz als Frauen ist stark verknüpft mit ihrem Schmerz, den sie vor Jahren als kleine Mädchen empfanden.

Vor einigen Jahren hatte ich die Gelegenheit, einige Zeit mit der Schriftstellerin Jonetta Rose Barras zu verbringen. Sie hatte im Alter von acht Jahren bereits drei Väter verloren – sowohl ihren leiblichen Vater als auch zwei andere Männer, die in die Rolle als Vater eingesprungen waren. Jonetta schrieb ein Buch, um Vätern deutlich zu machen, wie sehr ihre Abwesenheit Töchter beeinflusst und wie viel Positives hingegen ihre Anwesenheit mit sich bringt. Über ihre eigene Erfahrung sagt sie diesbezüglich:

„Ein Mädchen, das die Erfahrung machen muss, vom ersten Mann in seinem Leben verlassen zu werden, wird sich selbst gegenüber so starke Gefühle entwickeln, unwürdig oder unfähig zu sein, dass es annimmt, niemals die Liebe irgendeines Mannes entgegennehmen zu können. Selbst wenn sie von jemand anderem Liebe erfährt, ist sie andauernd und stark verängstigt, diese wieder zu verlieren. Dahinter steckt letztlich nichts anderes als die Furcht, der Schmerz, den Vater verloren zu haben. Ich hatte insgesamt drei Väter, die mich weggestoßen haben; was das für mich im Ganzen bedeutete, war einfach katastrophal."[6]

Vor langer Zeit habe ich selbst gelernt, dass der Vater eine besondere Rolle im Leben seiner Tochter spielt, insbesondere wenn es darum geht, ihr dabei zu helfen, bedingungsloser Liebe zu vertrauen und sie anzunehmen. Laufen die Dinge gut und richtig, ist er der erste Mann, der sich um das Herz seiner Tochter müht. Der Schlüssel liegt allerdings darin, dass – anders als einige Jungs, die sie später treffen wird – ein guter Vater sich um das Herz seiner Tochter zu *ihrem* Besten müht.

Ein guter Vater gibt ihr die Sicherheit und Zuversicht, zu wissen und zu glauben, dass sie „liebenswert" ist für das andere Geschlecht. Durch seine Worte und Taten zeigt ein guter Vater seiner Tochter schon in jungen Jahren, wie sich wahre Liebe anfühlen soll, indem er ihr Selbstsicherheit vermittelt, dass es Sicherheit in der Verletzlichkeit gibt und – was am wichtigsten ist – dass sie ihren „Prinzen" finden kann, ohne alle Frösche küssen zu müssen! So wird sie nicht den Richtigen zurückweisen und den Falschen aus Furcht in die Arme laufen.

Darüber hinaus wird ein weiterer wichtiger Punkt im Lied „Daugthers" ausgedrückt. Der Refrain erinnert Väter daran, dass Töchter auf die Art und Weise lieben werden, wie sie geliebt wurden. Anders gesagt, Väter lehren ihre Töchter, wie sie lieben und wie sie nicht lieben sollen. Welche Lektion lernt demnach eine Tochter über die Liebe, wenn ihr Vater sie betrügt oder sie verletzt zurücklässt? Und was lernt sie, wenn sie um die Liebe und Zuneigung ihres Vaters kämpfen muss?

Wir werden uns gleich das Beispiel eines „schlechten Vaters" aus der Bibel anschauen, der uns zeigen wird, wie

Töchter lernen und wie sein schlechtes Vorbild verheerende und bleibende Folgen über Generationen hinweg hervorbringen wird.

Laban und seine beiden Töchter

Die meisten Familiengeschichten in der Bibel konzentrieren sich auf die Beziehung zwischen Vätern und Söhnen. Nicht aber die von Laban, denn in 1. Mose 29 erfahren wir, dass Laban zwei Töchter hatte, Lea und Rahel. Lea, die ältere Tochter, war nicht die Attraktivste. Ihre „Augen waren ohne Glanz", während Rahel schön von Gestalt und Angesicht war. Hier geht es um die Beziehung eines Vaters zu seinen zwei Töchtern – und das ist der Grund, warum ich Labans Geschichte für eine ganz besondere, wichtige und lehrreiche für Väter halte.

Eines Tages kam Labans Neffe Jakob zu Besuch. Als er Rahel sah, verliebte er sich in sie und wollte sie heiraten. Daraufhin trafen er und Laban eine Vereinbarung. Damit Jakob Rahel heiraten durfte, sollte er sieben Jahre für Laban arbeiten. Also arbeitete Jakob hart, wie es jeder verliebte Mann tun würde, und hielt seinen Teil der Abmachung ein. Laban aber tat das nicht. In der Hochzeitsnacht betrog er Jakob und ersetzte Rahel durch Lea.

Wie Sie sich vorstellen können, war Jakob wütend, als er herausfand, dass er nun mit den „glanzlosen Augen" verheiratet war. Laban aber sagte ihm, dass es eben Brauch sei, dass die ältere Tochter vor der jüngeren verheiratet werde. Um

Jakob zu beschwichtigen, machte Laban ihm daher ein besonderes Angebot. Er bräuchte lediglich weitere sieben Jahre zu arbeiten, dann würde Laban ihm auch Rahel zur Frau geben.

Jakob willigte ein. Er arbeitete weitere sieben Jahre und heiratete anschließend Rahel – und sie lebten alle glücklich und zufrieden bis ans Ende ihrer Tage. Nun ja, nicht ganz … denn es gibt nichts Schlimmeres als die Rache einer geschmähten Frau. Sie brachte in Jakobs Familie eine Wut, auf die Jakob einfach nicht vorbereitet war – und das nur, weil Laban mit einem Trick Jakob mit zwei Frauen verheiratet hatte.

Babybauchkrieg

Leider fand Jakob schnell heraus, dass seine Flitterwochen mit Rahel nicht sehr viel Flitter enthalten würden, weil Lea und Rahel bald begannen, um Jakobs Liebe und Zuneigung zu konkurrieren. Sie begannen einen „Babybauchkrieg", der Familienstreitigkeiten und gestörte Familienverhältnisse über Generationen säen sollte. Lea machte den Anfang, indem sie Jakob vier Söhne zur Welt brachte. Und interessanterweise war sie auch diejenige, die all ihren Söhnen ihre Namen gab. Nicht Jakob, der Ehemann, wie es eigentlich damals üblich war. Die Namen, die sie wählte, machen deutlich, dass sie darum wusste, dass sie in Jakobs Herz die Nummer zwei war, dass sie sich aber zutiefst danach sehnte, seine Zuneigung zu gewinnen. Mit der Geburt ihres dritten Sohnes Levi, dessen hebräischer Name so viel wie „verbunden sein" bedeutet, drückt sie eben genau diese Sehnsucht auch aus:

„Nun wird mein Mann mir doch zugetan sein, denn ich habe ihm drei Söhne geboren." 1. Mose 29,34

Rahel wurde nicht schwanger, aber folglich sehr neidisch auf ihre Schwester. Sie begann sogar, Jakob zu beschuldigen, und sagte zu ihm:

„Schaffe mir Kinder, wenn nicht, so sterbe ich." 1. Mose 30,1

Inmitten ihrer Verzweiflung, nicht von ihrer Schwester übertroffen zu werden, verlangte Rahel schließlich von Jakob, mit Bilha, einer ihrer Mägde, zu schlafen, sodass sie durch diese eine Familie haben konnte. Als Jakob den ersten Sohn von Bilha bekam, triumphierte Rahel mit den Worten „Gott hat mir Recht verschafft" und nannte ihn Dan (30,6). Natürlich holte Lea daraufhin zum Gegenschlag aus und gab Jakob ihre Magd, damit auch diese in ihrem Namen Kinder bekommen solle.

Irgendwann zogen die beiden Rivalinnen sogar ihre Kinder in den Konkurrenzkampf mit hinein. Eines Tages fand Leas Sohn Ruben einige „Liebesäpfel" (Granatäpfel) und gab sie seiner Mutter. Nun waren diese Granat-Liebes-Äpfel nicht irgendeine Frucht. Sie wurden so genannt, weil man ihnen nachsagte, ein Aphrodisiakum zu sein, das die Fruchtbarkeit erhöhe. Als Rahel von Rubens Liebesäpfeln erfuhr, musste sie geglaubt haben, dies sei die geheime Fruchtbarkeitswaffe ihrer Schwester, denn sie verlangte von Lea, ihr etwas abzugeben. Lea erwiderte:

„Hast du nicht genug, dass du mir meinen Mann genommen hast, und willst auch die Liebesäpfel meines Sohnes nehmen?"
1. Mose 30,15

Interessanterweise trafen die Schwestern – ähnlich wie in Jakobs und Labans Verhandlungen – eine Win-win-Vereinbarung. Lea gab Rahel einige der Liebesäpfel im Tausch für eine zusätzliche Nacht mit Jakob. Wie bizarr und gestört die ganze Situation geworden war, zeigt sich daran, dass Lea zu Jakob ging und ihm sagte:

„Zu mir sollst du kommen, denn ich habe dich erkauft mit den Liebesäpfeln meines Sohnes." 1. Mose 30,16

Was für ein Chaos! Und leider endete der Geschwisterzwist zwischen Lea und Rahel nicht mit ihnen. Da sie durch ihr zerstörerisches Verhalten ihren Söhnen – die zu den zwölf Stämmen Israels wurden – ein Beispiel gaben, setzte sich ebendieses Verhalten über Generationen fort. Das beste Beispiel findet sich in der Geschichte darüber, wie Leas Söhne beschließen, Rahels Sohn Josef – Jakobs Lieblingssohn – in die Sklaverei zu verkaufen. (Wir kommen in Kapitel 4 auf diese beunruhigende Geschichte zurück.)

Laban, der Manipulator

Es ist ganz offensichtlich zu erkennen, wie Labans Verhalten und sein Beispiel eine wesentliche Rolle in diesem Familienkonflikt spielten. Letztlich stieß er in selbstsüchtiger Weise die Dynamik an, die seine Töchter dazu brachte, um Jakobs Liebe und Zuneigung zu konkurrieren. Obwohl die Bibel nicht viele Einzelheiten nennt, bin ich überzeugt davon, dass Lea und Rahel von ihrem Vater gelernt hatten, dass Liebe etwas ist, das man nicht deshalb empfängt, weil man so ist, wie man ist; sie ist etwas, das man sich durch das verdient, was man tut. Letztlich entspricht das auch der Art und Weise, wie Laban Jakob behandelte. Liegt es folglich nicht nahe, dass er dementsprechend auch seine Töchter so behandelt hat, und zwar von klein auf?

Menschen neigen dazu, sich so zu verhalten, wie es ihrem Charakter entspricht. In Labans Fall ging es ihm vor allem darum, andere zu manipulieren, um zu bekommen, was er wollte. Ich vermute, dass die Art und Weise, wie er Lea und Rahel im Blick auf seine Absichten mit Jakob behandelte, nichts Ungewöhnliches war. Er wird seine Töchter wohl oft manipuliert haben, miteinander und um seine Liebe und Zuneigung zu konkurrieren, eben so, wie es für das Erreichen seiner Ziele dienlich war.

Die Bibel sagt leider nichts darüber, was Laban zu seinen Töchtern sagte, ehe er Jakob austrickste. Obwohl Rahel vielleicht Labans Plan nicht gekannt haben mag, muss mindestens Lea aber gewusst haben, was vor sich ging. Es fällt nicht schwer, sich eine Unterhaltung vorzustellen, in der Laban Lea erzählt, wie sie bei Papas Plan mitzuwirken habe und dass die Heirat mit Jakob in ihrem eigenen Interesse sei. Ich hege den Verdacht, dass Laban wusste, dass Lea mit den „glanzlosen Augen" sich ihrer jüngeren, hübscheren Schwester jahrelang unterlegen gefühlt hatte, und als manipulativer Vater machte er sich höchstwahrscheinlich diese Unsicherheit zunutze. Es war wohl nicht allzu viel notwendig gewesen, um sie davon zu überzeugen, dass es ihr zustehe, Jakob zu heiraten. Schließlich wäre das vielleicht ihre einzige Gelegenheit, heiraten zu können.

Rahel war zweifellos am Boden zerstört, als sie herausfand, dass Lea Jakob geheiratet hatte. Vielleicht schürte Laban ihren Sinn für den geschwisterlichen Wettstreit, indem er ihr einredete, das alles sei von Anfang an Leas Idee gewesen, die ihn an den Brauch erinnerte, dass die ältere Schwester zuerst heiraten müsse. Leider seien ihm durch die Tradition die Hände gebunden. Ich wette, Rahel dachte: „Diese hinterhältige Lea! Sie wusste ganz genau, wie sehr ich Jakob liebe. Sie findet keinen eigenen Ehemann, also hat sie mir meinen gestohlen!"

Es liegt auf der Hand, dass Laban seine Töchter nicht liebte. Vater zu sein ist wie die Ehe eine Beziehung, die auf einem Bund beruht, wobei das Ziel darin besteht, sich für einen anderen aufopfernd einzusetzen. Obwohl Laban nicht körperlich abwesend war, war er es doch emotional; er war innerlich unbeteiligt Lea und Rahel gegenüber, was ebenso schmerzlich ist. Unglücklicherweise hatte Labans Beziehung zu Lea und Rahel einen Tausch-Charakter – wie bei einem geschäftlichen Abkommen – im Blick darauf, was er als ihr Vater von ihnen im Gegenzug verlangen könne. Und Geschäfte sind ihrem Wesen nach eine Sache des Wettstreits. Deshalb ist es nicht überraschend, dass Labans Verhalten die böse Saat des Wettstreits und das Unkraut des Fehlverhaltens in seine Familie sät.

Liebe – Gottes Weise

Laban ist als ein „schlechter Vater" ein warnendes Beispiel für heutige Väter. Auch wenn ein Vater es nicht beabsichtigt, ein Kind zu bevorzugen, führt allein der natürliche Wunsch von Kindern, zu gefallen und geliebt zu werden, zum Wettstreit. Das Zuhause kann sich in ein Schlachtfeld verwandeln, auf dem Kinder den Eindruck haben, dass sie um Liebe, Zuneigung und Wertschätzung kämpfen müssen. Das entspricht aber nicht Gottes Absicht. Liebe ist von ihrem eigentlichen Wesen her nicht eine Wettkampfdisziplin. Sie ist eher opferbereit, wie Christus das ständig durch sein Leben und schließlich am Kreuz gezeigt hat. Deshalb müssen sich Väter, die diesem Beispiel folgen, ständig vor Augen halten, dass jedes Kind ein einzigartiges Geschenk Gottes ist, das auf erstaunliche und ausgezeichnete Weise nach dem Ebenbild Gottes geschaffen wurde, um geliebt, bestätigt und geschätzt zu werden, nicht aufgrund dessen, was es tut oder für jemanden tun kann, sondern aufgrund dessen, was es ist.

Lange bevor John Mayer den Text seines Liedes verfasste, schrieb der Apostel Paulus Worte, die veranschaulichen, wie nach Ansicht unseres himmlischen Vaters die Liebe zu unseren Kindern aussehen soll:

„Liebe ist geduldig und freundlich. Sie ist nicht verbissen, sie prahlt nicht und schaut nicht auf andere herab. Liebe verletzt nicht den Anstand und sucht nicht den eigenen Vorteil, sie lässt sich nicht reizen und ist nicht nachtragend. Sie freut sich nicht am Unrecht, sondern freut sich, wenn die Wahrheit siegt.

Liebe ist immer bereit zu verzeihen, stets vertraut sie, sie verliert nie die Hoffnung und hält durch bis zum Ende." 1. Korinther 13,4–7

Laban war weit abgekommen von diesem Vorbild wahrer Liebe. Und es ist traurig, dass seine Töchter sowie nachfolgende Generationen unter den Folgen dieses Verhaltens eines schlechten Vaters leiden mussten. Die gute Nachricht ist allerdings, dass auf Väter, die die „Sprache der Liebe" verkörpern, ein enormes und gesegnetes Erbe wartet. Gott wird sie mit Töchtern und Söhnen beschenken, die so lieben werden, wie die Väter lieben.

🔎 Zum Nachdenken

Nehmen Sie sich einen Augenblick, um 1. Korinther 13 zu lesen. In diesem Kapitel bietet uns Paulus eine ausgezeichnete Beschreibung dessen, wie Liebe aus Gottes Sicht aussehen sollte. Liebe ist ganz gewiss keine um sich selbst kreisende und wettstreitende Sportart, so wie Laban und in der Folge seine Töchter das praktizierten, sondern vielmehr die sich um einen anderen drehende Spiegelung aufrichtiger Barmherzigkeit und wahrer Fürsorge. Letztlich geht es bei Liebe nicht darum, was man selbst von anderen empfangen kann, sondern was man geben kann. Paulus geht sogar so weit, dass es in Wahrheit darum geht, dass Liebe die wichtigste und dauerhafteste Gabe ist, die man jemandem geben kann. Deshalb ist es so entscheidend und so wichtig, dass Väter liebevoll sind und ihren Kindern liebevolles Verhalten vorleben.

📍 Verändern Sie Ihr Vatersein

Lesen Sie bitte nochmals 1. Korinther 13,4–7:

„Liebe ist geduldig und freundlich. Sie ist nicht verbissen, sie prahlt nicht und schaut nicht auf andere herab. Liebe verletzt nicht den Anstand und sucht nicht den eigenen Vorteil, sie lässt sich nicht reizen und ist nicht nachtragend. Sie freut sich nicht am Unrecht, sondern freut sich, wenn die Wahrheit siegt. Liebe ist immer bereit zu verzeihen, stets vertraut sie, sie verliert nie die Hoffnung und hält durch bis zum Ende."

Die Herausforderung für jeden Vater besteht darin, sein eigenes Herz und sein Verhalten kritisch zu hinterfragen, um ganz ehrlich herauszufinden, ob er seinen Kindern diese Art von Liebe vorlebt. Eine Übung, durch die Sie feststellen können, wie gut Ihnen das gelingt, besteht darin, dass Sie im Abschnitt aus dem ersten Korintherbrief die Worte *Liebe* und *sie* durch das Wort *Vater* ersetzen.

An welche Bereiche müssen Sie denken, die Sie am stärksten herausfordern, wenn Sie das tun? Welche Aspekte Ihres Vaterseins müssen Sie augenblicklich ändern?

3.

Er sah bei Geschwister-
rivalität weg

„Wieso gibt es denn bei euch so viel Kämpfe und
Streitigkeiten? Kommt nicht alles daher, dass ihr euren
Leidenschaften und Trieben nicht widerstehen könnt?
Ihr wollt alles haben und werdet nichts bekommen.
Ihr seid voller Neid und tödlichem Hass; doch gewinnen
werdet ihr dadurch nichts. Eure Streitigkeiten und
Kämpfe nützen euch gar nichts. Solange ihr nicht Gott
bittet, werdet ihr nichts empfangen. Wenn ihr freilich
Gott nur darum bittet, eure selbstsüchtigen Wünsche
zu erfüllen, wird er euch nichts geben." Jakobus 4,1–3

Vor vielen Jahren, als meine Frau und ich gerade Eltern geworden waren, besuchten wir ein Paar, das zwei Söhne hatte,
die etwas älter waren als unsere. Nachdem sie uns ihre Jungs
vorgestellt hatten, brachten sie die beiden zum Spielen in ein
angrenzendes Zimmer, sodass wir uns ungestört unterhalten
konnten. Nun ja, schon bald nachdem sie die Tür zum Spielzimmer geschlossen hatten, gingen die Jungen aufeinander
los. Es klang ein bisschen nach einem Käfigboxkampf. Man
konnte den einen Sohn hören, wie er rief: „Er schlägt mich",

gefolgt von anhaltendem Geschrei. Offen gesagt, bei dieser Szene fehlten nur noch Michael Buffer, der berühmte Ringsprecher, wie der ausruft: „Let's get ready to rumble!" (Macht euch darauf gefasst, dass es gleich kracht!), und eine Glocke, die einläutet, dass es in die nächste Runde geht.

Merkwürdigerweise fuhr das Paar trotz dieses Tumultes mit dem Gespräch fort, als ob im Spielzimmer alles in Ordnung wäre. Es war ein wenig surreal, so als sei man mitten in einem Erdbeben, überall um einen stürzen Trümmer herab, aber niemand läuft los, um Schutz zu suchen. Die ganze Situation kam mir doch sehr eigenartig vor, besonders wenn ich an die Reaktion des Vaters denke. Offen gesagt, ich hätte erwartet, dass der Vater sich entschuldigt und hinausgeht, um seine Söhne wieder in den Griff zu bekommen. Doch dieser Vater saß völlig unbehelligt, fast teilnahmslos da.

Ein paar Wochen später waren wir wieder bei der Familie zu Gast, und ich kam mir vor, als sei ich im Film „Und täglich grüßt das Murmeltier". Wir kamen herein, setzten uns, die Kinder wurden wieder ins Spielzimmer gebracht und wieder gingen die Jungs direkt aufeinander los. Und wieder verhielt sich der Vater so, als ob nichts geschehen wäre.

Auch außerhalb der Wohnung hatte es solche Vorkommnisse gegeben. Mir fiel wieder ein, wie ich mich mit dem Vater unterhielt, während seine Söhne einander attackierten. Ich habe ganz gewiss nie daran gezweifelt, dass er seine Jungs liebte, aber er schien bei ihren Streitereien die Haltung zu vertreten: „Wenn kein Blut fließt, war es auch kein Foul." Manchmal war ich versucht, einzugreifen und etwas zu sagen, aber als der weniger erfahrene Vater von uns beiden war ich der Meinung, dazu fehle mir die Autorität. Dennoch hinterließ das apathische Verhalten dieses Vaters bei mir einen starken Eindruck. Es führte mich dazu, dass ich mir selbst vornahm, meinen Söhnen niemals zu erlauben, so miteinander umzugehen – sei es daheim oder in der Öffentlichkeit. Gleichzeitig fragte ich mich aber auch: Wie kann ein Vater bei einer so starken Geschwisterrivalität eigentlich wegsehen?

Mit den Jahren verloren wir den Kontakt zu diesem Paar und seinen Kindern, sodass ich nicht weiß, wie sich die Beziehung zwischen ihren Kindern entwickelt hat. Ich weiß allerdings um viele andere Situationen, in denen Brüder und Schwestern tief sitzenden Zorn und Feindseligkeit wegen ungelöster Konflikte in der Kindheit hegen. In diesen Fällen verhielten sich Väter nahezu ähnlich wie der, den ich oben beschrieben habe – im Grunde untätig. Sie vertraten die falsche Auffassung, woher auch immer sie kam, dass ihre Kinder letztlich „die Sache schon unter sich ausmachen würden".

Passive Väter habe ich in den vergangenen Jahren erlebt bei Kindern, die sowohl verbal wie körperlich miteinander kämpften. Dass diese Väter sich einfach nicht „einmischen" wollten, hat mich verblüfft. Und wahrscheinlich ist ihnen nicht einmal bewusst, welchen Schaden ein Kind erleidet – selbst wenn es nur verbal von seinem Bruder oder seiner Schwester attackiert wird.

Ich habe in den vergangenen Jahren mit vielen Leuten über ihre Verletzungen in der Vergangenheit gesprochen. Und die meisten von ihnen führen ihre seelischen Wunden und ihr emotionales Leiden auf etwas zurück, das ihnen als

Kind gesagt wurde. Worte können in der Tat verletzen, und wenn ein Vater es duldet, dass seine Kinder einander durch böse Worte verletzen, können die Spätfolgen langwierig und dramatisch sein. Bis ins hohe Erwachsenenalter kann dies zu Unsicherheit und bis hin zu einem schwachen Selbstbild führen. Philipper 4,8 fordert uns auf, darüber nachzudenken, was wahr, ehrbar, gerecht, rein, liebenswert, anerkennenswert, hervorragend und lobenswert ist. Dementsprechend sollte auch ein Vater bestrebt sein und sicherstellen, dass die Worte, die seine Kinder von ihren Geschwistern hören, das Wesen dieses Verses widerspiegeln.

Man gebraucht so gerne das Sprichwort: „Die Zeit heilt alle Wunden." Obwohl diese Aussage recht poetisch klingt, ist sie nicht wahr. Meine Frau ist Ärztin, und sie könnte Ihnen ohne Schwierigkeiten erklären, dass es viele Arten körperlicher wie seelischer Wunden gibt, die sich unbehandelt *verschlimmern*, wenn man Zeit verstreichen lässt. Leider ist es nicht die Zeit, die Wunden heilt. Medikamente und die entsprechenden Therapien tun das. Ich bin überzeugt, dass die Wunden, die sich Geschwister zufügen, in diese Kategorie fallen. Schließlich können jene Menschen, die uns am nächsten stehen, auch am stärksten verletzen. Aus diesem Grund stellte Gott Kindern die Väter zur Seite, die sie wie gute Ärzte anleiten können, das „Medikament der Buße und Vergebung" anzuwenden, wenn sie ihre Geschwister verletzt haben bzw. selbst von ihnen verletzt wurden.

Allerdings bin ich davon überzeugt, dass aus einem noch viel gewichtigeren Grund Väter ihre Führungsrolle einzunehmen haben, um Geschwisterrivalität einzudämmen. Wird nicht dagegen vorgegangen, kann und wird sie ausufern und unter Umständen zu Missbrauch und Gewalt führen. In der *New York Times* äußerte sich beispielsweise mal ein Mann namens Daniel Smith zu diesem Thema. Er wuchs mit einem älteren Bruder auf, der ihn misshandelte. Er erzählt, dass er von seinem Bruder vom Kindesalter an bis in die Teenager-zeit immer wieder Schläge erhielt. Sein Bruder nahm ihn in den Schwitzkasten oder in einen Würgegriff und schlug ihn wiederholt. Smith sagte: „Mich zu wehren machte es nur noch schlimmer, also ertrug ich das Ganze und wartete, bis es vorbei war … Was sollte ich tun? Wohin sollte ich gehen? Ich war zehn Jahre alt."[7] Leider muss man fragen, wo Daniels Vater war, während all das vor sich ging. Jedenfalls über-rascht es nicht, dass Daniel und sein Bruder aufgrund dieser Misshandlungen getrennte Wege gingen.

Andere Kinder wiederum „ertragen" Misshandlungen nicht einfach. Ein Beispiel: Vor ein paar Jahren waren der fünfzehnjährige William Gorzynkski und sein jüngerer, vier-zehnjähriger Bruder Matthew, die bei ihrem Vater lebten, allein zu Hause. William wollte fernsehen, aber sein jüngerer Bruder wollte laut Musik hören. Die Brüder gerieten in eine hitzige Auseinandersetzung, die handgreiflich wurde und zu einem Kampf ausuferte. Matthew, der der Stärkere und Sportlichere der beiden war, schlug William auf den Kopf. Der Kampf verlagerte sich in die Küche, wo Matthew Wil-liam in eine Ecke drängte. In der Hoffnung, seinen Bruder zu erschrecken, griff William nach einem Küchenmesser mit einer 18 cm langen Klinge. Unglücklicherweise stach er sei-nem jüngeren Bruder damit in die Brust. Erschrocken wählte

William sofort den Notruf, und der Notarzt kam schnell, konnte Matthew aber nicht mehr retten. William wurde festgenommen und wegen Totschlags angeklagt.

Die Medien berichteten darüber, wie verwirrt die Familie darüber war, dass der Streit über so eine Lappalie derart tragische Züge annehmen konnte. Williams Anwalt sagte Reportern, eigentlich hätten William und Matthew miteinander „gekämpft, wie das alle Brüder tun ...“[8] Aber vielleicht lag gerade darin das Problem. Denn könnte es vielleicht sein, wenn man die Beziehung der beiden Brüder einmal genauer untersuchen würde, dass in der Vergangenheit des Öfteren ausufernde Streitigkeiten und körperliche Kämpfe geschehen waren? Wir werden dies aber wahrscheinlich nie erfahren. Nichtsdestotrotz macht dieser Fall die körperlichen, seelischen und geistlichen Folgen unkontrollierter Geschwisterrivalität deutlich und warum Väter hier nie ein Auge zudrücken dürfen. Leider aber ist dieses väterliche Scheitern hinsichtlich Geschwisterrivalität kein Phänomen der Neuzeit, selbst die Urväter der Bibel haben dies erlebt, wie das Beispiel von Jakob zeigt.

Jakob und Esau und ihre starke Geschwisterrivalität

Bevor wir uns ansehen, an welcher Stelle Jakob einen falschen Weg einschlug, möchte ich mit Ihnen ein wenig über einen Teil der Geschichte nachdenken, die seine Familienaufstellung sicher stark beeinflusste: Vom Mutterleib an war

Jakob in eine sehr starke Geschwisterrivalität mit seinem älteren Zwillingsbruder Esau verwickelt. Jakob hielt während der Geburt Esau an der Ferse fest, um doch noch als Erster das Licht der Welt zu erblicken und den väterlichen Segen zu bekommen – vergebens. Später nutzte Jakob seine Kochkünste, um Esau zu überlisten, sodass er ihm sein Erstgeburtsrecht für eine Schüssel Linsensuppe abtrat. Zudem war Jakob ganz klar der Lieblingssohn seiner Mutter Rebekka. Mit ihrer Hilfe war er in der Lage, seinen fast erblindeten Vater Isaak zu täuschen, sodass dieser ihm einen Segen zusprach, den er ganz offensichtlich Esau zugedacht hatte. Wie Sie sich vorstellen können, hasste Esau Jakob. Und angesichts seiner Täuschungsmanöver ist es wirklich nicht überraschend, dass Jakob, der gern bei seiner Mutter in der Küche herumhing, letztendlich um sein Leben laufen musste, um Esau zu entkommen, der ein leidenschaftlicher Jäger war.

Im Kapitel zuvor haben wir uns Laban angeschaut und wie er mit Jakob umgegangen war. Jakob war also aus der persönlichen Geschwisterrivalität geflohen und stürzte gleich in die nächste. In Labans Haus half er teils unbewusst, teils bewusst mit, eine andere Geschwisterrivalität zu schüren, als er die Schwestern Lea und Rahel heiratete. Denn obwohl Rahel seine zweite Frau war, war sie doch offensichtlich Jakobs Lieblingsfrau. Daraus ergab sich ein ernster Konflikt zwischen den beiden Schwestern – u. a. auch deswegen, weil Rahel Schwierigkeiten hatte, schwanger zu werden, und Lea nicht. Letztendlich aber gebar Rahel Jakob zwei Söhne, Josef und Benjamin, nachdem Lea ihm sechs Söhne geboren hatte. Wenn es also jemanden gab, der sich ein wenig mit den bösartigen Folgen von Geschwisterrivalität auskennen sollte, dann hätte das Jakob sein müssen. Deshalb ist es umso unverständlicher, dass er seine Söhne, insbesondere Josef, so behandelte, wie er es tat.

Jakob liebte Josef mehr

Josefs Geschichte beginnt in 1. Mose 37, wo er als 17-Jähriger zusammen mit einigen seiner Brüder auf dem Feld die Herde seiner Familie hütet. Die Bibel verrät nicht genau, was geschah, aber aus irgendeinem Grund berichtete Josef seinem Vater etwas Negatives über seine Brüder. Dieser Teil der Geschichte zeigt die besondere Beziehung, die Josef und sein Vater hatten. Jakob liebte Josef mehr als dessen Brüder, und er zeigte ihm diese außergewöhnliche Zuneigung dadurch, dass er ihm ein besonders schmuckvolles Gewand gab.

Lassen Sie uns einmal genau ansehen, was hier passierte: Jeder, der mit Kindern zu tun hat, weiß eigentlich, dass es beinahe eine Art „Kodex unter Kindern" gibt, dass man einander nicht verrät. Wer diesen Kodex bricht, erfährt Spott. Über diesen „Petzer" ärgern sich üblicherweise nicht nur jene, die in Schwierigkeiten geraten, sondern auch alle anderen Kinder, weil sie wissen, dass sie die nächsten Opfer sein könnten.

Dass alle anderen Söhne Jakobs wussten, dass Josef „Papis Liebling" war, war vermutlich offensichtlich. Ein so besonderes buntes Gewand produzieren zu lassen, war keine kleine Angelegenheit. Durch dieses besondere Geschenk und das

Hervorheben seiner Zuneigung gegenüber Josef unternahm Jakob einen Schritt in die falsche Richtung, der zu einer explosiven Stimmung zwischen Josef und dessen Brüdern führte. Zweifellos liegt einer der Hauptgründe für Geschwisterrivalität darin, dass Kinder das Gefühl haben, unterschiedlich behandelt und gegenüber den anderen benachteiligt zu werden. Wie empfindlich ein Kind auf solche aus erwachsener Sicht Kleinigkeiten reagiert, erfuhr ich selbst vor ein paar Jahren.

Meine beiden Söhne liegen ihrem Alter nach etwa zweieinhalb Jahre auseinander. Nun waren mein jüngerer Sohn und ich vor ein paar Jahren zusammen im Keller und sahen ein paar alte Fotos durch, als wir auf eines aus der Zeit stießen, in der ich das Baseballteam seines älteren Bruders trainierte. Als ich mir das Bild genauer ansah, bemerkte ich etwas, das ich nie zuvor gesehen hatte. Jemand hatte eine Nadel genommen und hatte ein kleines, aber erkennbares X durch mein Gesicht gemacht. Als ich meinem Sohn das Foto zeigte, der zu diesem Zeitpunkt 24 Jahre alt war, gab er kleinlaut zu, dass er dies getan hatte, als er etwa sieben Jahre alt war. Er war damals eifersüchtig, dass ich die Mannschaft seines älteren Bruders trainierte. Nur ich hatte keinen blassen Schimmer davon, dass er so fühlte.

Für mich zeigt sich hier ein Stück weit die Ironie des Schicksals. Da mein älterer Sohn ganz offensichtlich der beste Spieler seiner Mannschaft war, wollte ich ihn nicht bevorzugen. Ich war sehr vorsichtig im Umgang mit ihm und behandelte ihn daher strenger, als ich es eigentlich sollte. Später dann dachte ich, dass ich mit dieser Situation nicht gut umgegangen war, und entschloss mich, meinem jüngeren Sohn denselben Kummer zu ersparen, und entschied mich bewusst dagegen, seine Mannschaft im Folgejahr zu trainieren.

Interessanterweise hatte mein jüngerer Sohn nun auch eher Gefallen an der Leichtathletik und bekam sogar ein Uni-Stipendium als Footballspieler. Ich verbrachte mehr Zeit damit, mit ihm zu trainieren, als mit seinem älteren Bruder, der den Sport weniger ernst nahm. Auf lange Sicht, so vermutete ich, würde er meinen zusätzlichen Einsatz anerkennen und mir verzeihen, seine Baseball-Mannschaft nicht trainiert zu haben. Aber im Alter von sieben Jahren, bevor seine eigene Zeit kam, war die Aufmerksamkeit, die ich seinem älteren Bruder geschenkt hatte, alles, was er wahrnehmen konnte. Vielleicht gibt diese Situation einen flüchtigen Eindruck davon, wie sich Josefs Brüder wohl aufgrund der Kränkung durch die ungleiche Behandlung gefühlt haben dürften.

Es gibt noch einen weiteren wichtigen und bedenkenswerten Aspekt im Blick darauf, wie Jakob Josef im Vergleich zu dessen Brüdern behandelte. Als Josef siebzehn Jahre alt war, war seine Mutter Rahel bereits gestorben; sie hatte Benjamins Geburt nicht überlebt. So ist es sehr wahrscheinlich, dass sich Jakobs Zuneigung gegenüber Rahel auf Josef übertragen hatte. Zweifellos sehnte er sich nach ihr und vermisste sie sehr. Dennoch entschuldigen die Umstände sein Verhalten nicht. Ein Vater macht immer dann einen Fehler, wenn er zulässt, dass ein Mangel *in ihm* dazu führt, diesen *von seinem* Kind füllen zu lassen.

Dass die Feindseligkeiten vonseiten der Brüder Josefs wuchsen, hat noch einen anderen Grund: Jakobs Beziehung zu seiner ersten Frau Lea. Man kann sich leicht vorstellen, dass Lea, die jahrelang gegenüber Rahel die zweite Geige spielte, noch immer Bitterkeit gegenüber ihrer Schwester hegte. Obwohl die Bibel nichts Weiteres zur Beziehung der Schwestern sagt, nehme ich an, dass ihr Verhältnis bestenfalls kühl war. Und als Rahel starb, dachte Lea vielleicht, sie würde schließlich doch noch Jakobs ungeteilte Liebe und Zuneigung besitzen. Doch ich vermute, dass sich Leas Geschwisterrivalität noch über Rahels Tod fortsetzte, als Jakob Josef ihren Söhnen vorzog. Als Jakob seine Liebe zu Josef öffentlich zur Schau trug, könnte Lea das als eine weitere schmerzliche Zurückweisung auf der Ebene ihrer Söhne verstanden haben. Infolgedessen könnte Lea sogar dazu beigetragen haben, die Feindseligkeit ihrer Söhne gegen Josef zu schüren.

Blind gegenüber Charakterfehlern

Bei Geschwisterrivalität einfach wegzuschauen macht einen Vater auch blind gegenüber anderen Vorgängen innerhalb der Familie, die ebenfalls angegangen werden müssten. Das zeigt sich beispielsweise in Jakobs Versagen, den wachsenden Neid der Brüder gegenüber Josef anzusprechen. Geschwisterrivalität kann einen Vater aber auch blind machen gegenüber den Charakterschwächen seiner Kinder, wie Selbstsucht oder Lügen. Und ich bin überzeugt, Jakob hatte auch in diesem Bereich ein Problem, wenn es um seinen Lieblingssohn Josef ging.

In 1. Mose 37,5–7 steht, dass Josef einen Traum hatte, in dem er und seine Brüder auf einem Acker Garben zusammenbanden. Josefs Garbe erhob sich und stand aufrecht, während sich die Garben seiner Brüder vor seiner beugten. Nun ja, als Josef seinen Brüdern von seinem Traum erzählte, sahen sie darin eher einen Albtraum. Sie sagten: „Willst du über uns regieren? Willst du uns tatsächlich beherrschen?" Dass sie ihn daraufhin noch mehr hassten, war wenig überraschend. Um die Sache noch zu verschlimmern, hatte Josef einen zweiten Traum, in dem sich Sonne, Mond und elf Sterne vor ihm niederbeugten. Man muss kein großer Bibelausleger sein, um den Traum zu deuten. Er besagt, dass sein Vater (die Sonne), seine Mutter (der Mond) und seine elf Brüder (die Sterne) sich vor ihm verbeugen würden. Als Josef seinem Vater und seinen Brüdern von diesem Traum erzählte, waren seine Brüder eifersüchtig auf ihn, und selbst Jakob rügte ihn (1. Mose 37,9–11).

Ein paar sehr wichtige Dinge werden an dieser Stelle offenbar: zunächst, dass Gott Josefs Schicksal im Voraus andeutet. Allerdings sagt die Bibel nicht, dass Gott Josef angewiesen habe, den Inhalt seines Traumes seinen Brüdern oder seinem Vater mitzuteilen. Vermutlich wusste Josef sogar um die Spannungen zwischen ihm und seinen Brüdern. Letzten Endes sind Jungs immer Jungs. Selbst wenn Josef diesbezüglich ahnungslos gewesen sein sollte, hätte er zumindest nach der Reaktion seiner Brüder auf den ersten Traum ohne Zweifel wissen müssen, dass sie ihm feindlich gesinnt waren.

Warum also erzählte Josef seinen Brüdern von diesen Träumen? – Ich vermute, der junge Josef war ein kleiner Angeber, und er war stolz, was offenbar zu den Streitigkeiten mit seinen Geschwistern beitrug. Leider ist in Fällen von Geschwisterrivalität oft unklar, wer „Opfer" und wer „Täter" ist, weil in Familien ein vielschichtiges Kräftespiel vorliegt. Väter brauchen daher ganz viel Weisheit (von oben), um mit solchen Situationen umzugehen.

Interessanterweise war Jakob, bedenkt man seinen Hintergrund, genau der Richtige, um Josef mit seinen Charakterschwächen zu helfen. Als junger Mann hatte Jakob nämlich ähnliche Probleme mit seinem Charakter und war schon über längere Zeit als Betrüger aufgefallen. Unter anderem hatte er ja seinen älteren Bruder um dessen Erstgeburtsrecht betrogen und seinen blinden, alten Vater hinters Licht geführt, damit dieser ihn segnete. Außerdem wusste Jakob, wie man mit einem zornigen und eifersüchtigen Bruder wieder zu einem guten Verhältnis kommen konnte. 1. Mose 32 zeigt detailliert, wie vorsichtig und umsichtig Jakob vorging, um seine Beziehung zu Esau wiederherzustellen: Jakob trat bescheiden auf und leistete Wiedergutmachung für das Unrecht, das er getan hatte. Kurz gesagt, der Betrüger Jakob hätte seinen Sohn, den Angeber Josef, einiges lehren können.

Die Wurzeln für Betrug und Prahlerei liegen in dem Wunsch und in dem Stolz, sich selbst aufzublähen. Diese beiden Charakterzüge sind zwei schädliche bösartige Zwillinge. Der *Betrüger* sagt nicht, was *gesagt* werden sollte, und der *Angeber* sagt, was *nicht gesagt* werden sollte. Sowohl der Betrüger als auch der Angeber versuchen, im Blick auf jemanden anderen einen Vorteil zu gewinnen, anstatt so, wie die Bibel es sagt, den anderen höher als sich selbst zu achten. Deshalb sind Gottes Heilmittel für diese beiden Fehlverhalten Weisheit (zu wissen, was richtig ist) und Demut (ergeben zu tun, was richtig ist). Jakob hatte das offenbar gelernt, aber er verpasste eine entscheidende Gelegenheit, diese wichtige Lektion seinem Sohn Josef weiterzugeben.

Letztendlich erreichten der Neid und Zorn der Brüder Josefs ihren Höhepunkt und sie schritten zur Tat. Es ergab sich, dass Josefs Brüder mit der Herde auf einer entlegenen Weide waren und Jakob Josef zu ihnen schickte, um nach ihnen zu sehen. Als seine Brüder Josef von Weitem kommen sahen, verabredeten sie sich, ihn zu töten. Zum Glück verhinderte die Besonnenheit seines ältesten Bruders Ruben dieses Vorhaben, und sie entschlossen sich, Josef an eine Gruppe reisender Händler zu verkaufen, die ihn nach Ägypten mitnahmen. Danach nahmen seine Brüder Josefs kostbares buntes Gewand, beschmierten es mit Ziegenblut und legten es Jakob vor. Sie ließen ihren Vater im Glauben, dass ein wildes Tier seinen geliebten Sohn getötet habe. Wie Sie sich vorstellen können, war Jakob untröstlich.

Geschwisterrivalität lässt Väter oft in diesem Zustand zurück. Es tut weh, wenn jene, die man am meisten liebt, einander hassen.

In den Kapiteln 39 bis 41 im ersten Buch Mose wird von der Ungerechtigkeit, den Leiden und der rauen Behandlung berichtet, die Josef in Ägypten erfuhr. Doch die Geschichte endet nicht damit. Da Josef die Gnade Gottes widerfährt, erhält er die Möglichkeit, Einfluss zu nehmen und zu bekommen und so seine Bestimmung zu erfüllen. Insofern wendete Gott all das, was seine Brüder ihm Übles angetan hatten, für Josef zum Guten. Das bedeutet aber keineswegs, dass dieser gute Ausgang für Josef Jakob von seiner Verantwortung entbunden hätte, die Initiative zu ergreifen, um den Konflikt zwischen seinen Söhnen zu lösen. Denn vielleicht lässt sich die Geschichte auch so verstehen: Hat Jakobs Verhalten Gott vielleicht zu einem ungewöhnlichen Schritt veranlasst, Josef seiner Fürsorge zu entziehen?

Gott ist souverän, und er erreicht seine Ziele – das wissen wir. Allerdings glaube ich, dass Gott seine Ziele lieber *durch uns* erreichen möchte als *an uns vorbei*. In Josefs Fall wusste Gott sicherlich, dass dieser junge Mann einige problematische Charakterzüge hatte. Doch Gott entschied sich, Josef einen guten Vater an die Seite zu stellen, der ihm helfen konnte, die gottgegebene Weisheit und Demut zu entfalten, die er brauchen würde, um seiner Bestimmung nachzukommen. Doch leider machte Jakob eine Vielzahl an Fehlern und erkannte nicht, was er hätte tun sollen. Also entfernte Gott Josef für viele Jahre aus Jakobs Nähe und gebrauchte die Prüfungen in Ägypten als einen Schmelztiegel, der Josef half, seinen Charakter zu läutern. Obwohl Jakob schließlich mit seinem Sohn wieder vereint wurde, litt er doch sehr unter dem jahrelangen Verlust und war nicht in der Lage, die vergangene Zeit wiedergutzumachen, die sie getrennt waren. Leider führt es immer wieder zu schmerzlichen Konsequenzen, wenn ein Vater zu handeln versäumt.

Ich glaube, Gott will Väter dazu gebrauchen, seinen Willen in ihren Kindern zu erfüllen. Aus diesem Grund vertraut er als himmlischer Vater irdischen Vätern auch Kinder an. Als gute Väter sind wir daher auf Einsicht und Weisheit angewiesen, wenn unsere Kinder diese vermissen lassen. Ist aber ein Vater unfähig oder unwillig, das Notwendige zu tun, kann Gott sich auch dazu entschließen, sein Ziel ohne den irdischen Vater zu erreichen. Dies macht Jakobs Geschichte deutlich und damit sollte sie jeden Vater ermutigen und im positiven Sinne aufschrecken zu handeln.

🔍 Zum Nachdenken

Kurz vor seinem Tod rief Jakob in 1. Mose 48 Josef und dessen zwei Söhne an sein Bett, um Josefs Söhne zu segnen. Josef tat, worum ihn sein Vater bat. Als die Zeit kam, den Segen weiterzugeben, streckte Jakob seine rechte Hand aus und legte sie auf Ephraims Kopf, der der jüngere Sohn war, und legte seine linke Hand auf Manasses Kopf, der Josefs Erstgeborener war. Als Josef sah, was Jakob tat, versuchte er, Jakob zu korrigieren, indem er versuchte, dessen rechte Hand, die den Segen für den Erstgeborenen spendete, auf den Kopf seines älteren Sohnes zu legen. Aber Jakob verweigerte das und sagte Josef, dass beide Söhne zwar mächtig werden sollten, sein jüngerer Sohn aber der mächtigere.

Diese Passage am Ende von Jakobs Leben ist sehr interessant, weil sie zeigt, dass Josef sich des Konfliktes und der Rivalität sehr wohl bewusst war, die sich zwischen seinen Söhnen durch Jakobs Handeln entfalten konnte. Leider hatte Geschwisterrivalität sowohl die Beziehung zu seinen Brüdern als auch Jakobs Beziehung zu Esau ruiniert. Und Josef war weise genug, dieses familiäre Erbe nicht an seine Söhne weiterreichen zu wollen. Ein altes Sprichwort sagt, dass jene, die die Lektionen der Vergangenheit vergessen, sie erneut lernen müssen. Und in der Tat: Ist es nicht eigenartig, dass wir allzu oft genau das wiederholen, was wir aus unserer Vergangenheit nicht wiederholen wollten und hassten?

Nehmen Sie sich ein paar Minuten Zeit und denken Sie über Ihre Kinder nach! Gibt es Rivalitäten und Streitigkeiten zwischen ihnen? Denken Sie anschließend über Ihre eigene Kindheit nach und Ihre Beziehung zu Ihren Geschwistern. Gab es dort Streit zwischen Ihnen? Lassen Sie zu, dass Ihre Kinder ein Verhalten Ihrer eigenen Vergangenheit wiederholen? Falls dem so ist, warum?

📍 Verändern Sie Ihr Vatersein

Geschwisterrivalität ist so alt wie Kain und Abel. Als Vater sollten Sie damit rechnen, dass Sie dieses Problem von Zeit zu Zeit anzugehen haben. Sie sollten also darauf vorbereitet sein und gleichsam sicherstellen, dass Sie selbst nicht auch noch zu einem solchen Konflikt unter Ihren Kindern beitragen. Hier ein paar konkrete Tipps und Ratschläge von Fachleuten, wie Sie Ihren Kindern diesbezüglich helfen können:

- Favorisieren Sie niemanden!
- Achten Sie darauf, Ihre Kinder nicht miteinander zu vergleichen – auch nicht aus Spaß!
- Freuen Sie sich über die individuellen Begabungen und einzigartigen Fähigkeiten Ihrer Kinder!
- Stacheln Sie Ihre Kinder niemals dazu an, um Ihre Anerkennung zu buhlen!
- Seien Sie aufmerksam und ergreifen Sie die Initiative! Achten Sie darauf, ob es bestimmte Aktivitäten oder „Auslöser" gibt, die wiederholt zu Konflikten führen! Tun Sie Ihr Bestes, um sich darauf vorzubereiten und sie zu entschärfen!

- Zeigen Sie Ihren Kindern, wie sie sich gegenseitig ermutigen können!
- Helfen Sie Ihren Kindern, zu verstehen, dass sich „gerechte" und „gleiche" Behandlung voneinander unterscheiden! Als Vater sollten Sie sich darum bemühen, Ihre Kinder gerecht zu behandeln.
- Verbale Auseinandersetzungen sollten Sie mit gleichem Ernst klären wie körperliche! Worte verletzen und können dauerhaft Narben hinterlassen.
- Wenn Sie ein Kind zu einer Entschuldigung ermutigen, denken Sie besonders an die drei Bereiche der Wortwahl (Was wurde gesagt?), Absicht (Wozu wurde es gesagt?) und Tonfall (Wie wurde es gesagt?)![9]

Ist der Umgang mit diesem Bereich für Sie besonders schwierig, sollten Sie überlegen, einen ausgebildeten christlichen Berater aufzusuchen. Zusätzlich könnten Sie entsprechende Literatur zum Thema lesen, z. B.: *Bruder, Schwester, bester Freund: Vom kreativen Umgang mit Geschwisterrivalität* von Dr. Todd Cartmell.

Stellen Sie sicher, dass Sie bei Geschwisterrivalität nicht wegsehen. Dies kann Sie unter Umständen herausfordern, einen Blick einzunehmen, den Sie bis dato einfach nicht hatten. Bitten Sie Gott, dass er Ihnen beim Umsetzen Ihres Wunsches hilft. Um ein Gespür für die kleinen Auseinandersetzungen zwischen Ihren Kindern zu bekommen, ist es auch hilfreich, wenn Sie diesbezüglich das Gespräch mit Ihrer Frau suchen. Vorausgesetzt Sie selbst gehen tagsüber arbeiten, wird Ihre Frau viel mehr von dem Verhalten Ihrer Kinder den Tag über mitbekommen als Sie. Denken Sie aber nicht, dass die Aufgabe, die Rivalitäten der Kinder zu klären, aufgrund Ihrer Abwesenheit nun allein bei Ihrer Frau läge. Dass Sie erst am Abend von dem Geschehenen erfahren, entbindet Sie keineswegs von der Verantwortung, klärend als Vater der Kinder einzugreifen.

4.   Saul

Er machte es seinen Kindern
schwer, ihn zu ehren

**„Ehre deinen Vater und deine Mutter, dann wirst
du lange in dem Land leben, das ich, der Herr,
dein Gott, dir gebe."** 2. Mose 20,12

Am Abend des 10. Dezember 2008 ging beim FBI, der
amerikanischen Bundespolizei, ein besonders eigenartiger
Anruf ein. Zwei Brüder wollten ein schweres Verbrechen
melden. Stunden zuvor hatte ihr Vater, der eine Investment-
firma leitete, in der sie angestellt waren, ihnen gegenüber
zugegeben, dass er einen Betrug in einer solchen Größen-
ordnung durchführen wollte, wie ihn die Welt noch nicht
gesehen hatte. Die beiden Brüder teilten dem FBI tatsächlich mit, dass die Firma ihres Vaters in Wirklichkeit weder
den ehrbaren Ruf noch die eindrucksvolle Klientenliste besaß, wie sie vorgab. Sie war nichts anderes als ein ausgeklü-
geltes Schneeballsystem, in dem das Geld eines neuen Inves-
tors schlicht dazu benutzt wurde, die erwarteten Gewinne
früherer Investoren auszuzahlen. Nun flog die ganze Sache
auf, und ihr Vater hatte keine andere Wahl, als alles zuzugeben.[10]

Ihr Vater war Bernie Madoff, ein nun in Ungnade gefallener New Yorker Finanzmakler. Ich verfolgte gespannt alle Einzelheiten dieses Falls in den Nachrichten, denn ehe ich Präsident der National Fatherhood Initiative wurde, verdiente ich meinen Lebensunterhalt als Finanzberater bei Goldman Sachs, einer der landesweit führenden Investmentbanken, bei der ich die Portfolios sehr wohlhabender Leute verwaltet hatte. Obwohl ich nie geschäftlich mit Madoffs Firma zu tun hatte, arbeitete und konkurrierte ich mit anderen Firmen, die ähnliche Geschäftsmodelle hatten. Diese Firmen waren üblicherweise Familienbetriebe, die von einem Vater aufgebaut worden waren, der davon träumte, seinen Kindern einmal ein erfolgreiches Unternehmen übergeben zu können. Angesichts meines Interesses am Thema Vaterschaft und meines beruflichen Hintergrundes erregte die ganze Geschichte sofort meine Aufmerksamkeit.

Einer der Aspekte der Geschichte, den ich am interessantesten fand, war, dass Madoffs Firma nicht von Anfang an auf ein Schneeballsystem gebaut hatte, wie das sonst üblicherweise der Fall ist. Er hatte die Firma *Bernard L. Madoff Investment Securities* 1961 mit nur 200 Dollar gegründet und ihr Kapital bis 1969 auf mehr als 500 000 Dollar vergrößert, und sie wuchs schnell weiter[11]. Wie beim antiken König Midas schien sich alles in Gold zu verwandeln, was er anfasste. Beispielsweise hinterfragte Madoff entgegen aller Prognosen mutig das etablierte und traditionelle Händlermodell der New Yorker Aktienbörse, indem er aggressive Marketingansätze benutzte, um Schlüsselklienten zu gewinnen. Er war besonders geschickt, sich mit Menschen zu vernetzen und diese Kontakte zu pflegen.[12] Zusätzlich hatte Madoff stets einen wachen Blick für Neuerungen und war einer der Ersten, der das enorme Potenzial der Technologie des elektronischen Wertpapierhandels verstand. Er konzipierte daher eine Software, die Aktien innerhalb von Sekunden elektronisch handeln konnte.[13] Später wurde er Vorsitzender der entsprechenden elektronischen Börse, die als NASDAQ bekannt ist. Als Madoffs Ruf Kreise zog, war er in der Lage, Mitglied der richtigen Klubs und Zirkel zu werden. Er wurde zum gefragten Berater für Superreiche und Einflussreiche, selbst sogar für die Aufsichtsbeamten der Bundesbörsenaufsicht.

Madoff ließ es sich sicherlich gut gehen, schien aber auch die Verpflichtung zu spüren, anderen etwas zurückgeben zu wollen. Der Grund dafür lag vielleicht darin, dass er in einem Viertel in Queens aufgewachsen war, in dem vor allem die Mittelklasse wohnte. Was auch immer der Grund gewesen war, Madoff wurde ein angesehener Wohltäter, auf den man zählen konnte, ob es nun um die Förderung der Künste, der Erziehung oder der Krebsforschung ging. Gleichzeitig arbeitete er in zahlreichen wohltätigen Gremien mit.[14]

Madoff hatte 1969 seine Jugendliebe Ruth geheiratet und nahm auch seine Rolle als Vater sehr ernst. Dass er seinen beiden Söhnen Mark und Andy schon sehr früh Positionen in seiner Firma gab, ist wenig verwunderlich. Der ältere Sohn Mark, der als eher gelassen und ruhig beschrieben wurde, war in der Firma verantwortlich für den Handelsbereich, während Andy sich in technische Fragen und Sonderaufgaben der Firma vertiefte. Madoff unterstützte seine Söhne finanziell, wozu auch Darlehen gehörten. Ganz offensichtlich gehörte das Unternehmen Madoff und seine Söhne waren die Erben, wobei Mark mit seinem Geschick im Umgang mit Menschen offenbar die Position innehatte, die Nachfolge seines Vaters als Kopf der Firma anzutreten. Ich denke, dass das folgende Zitat aus einem Artikel in *CNN Money* vom April 2009 alles sagt:

„Es war ohne Zweifel so, dass die Madoffs die Herrscherfamilie in der Firma waren. Mark und Andy arbeiteten im Kreise ihrer Kollegen im Handelsraum, saßen aber leicht erhöht über allen anderen. Und selbst die Stars unter den Angestellten wussten, dass sie nur bis zu dieser Höhe aufsteigen konnten. "[15]

Madoff hatte es also in jeglicher Hinsicht geschafft. Er war mit einer Frau verheiratet, die ihn verehrte. Er besaß Prestige, Ansehen und Verbindungen, von denen die meisten Menschen nur träumen konnten. Und er hatte zwei Söhne, die gut positioniert waren, sein Erbe und seinen guten Namen erfolgreich weiterzutragen.

Doch es geschah etwas, das schließlich zu seinem Fall führen sollte und in der Folge seine Familie zerstörte.

Kompromisse, die letztlich zu moralischem Fehlverhalten führen, ähneln sehr dem Prozess der Küstenerosion. Sie ereignen sich nur ganz allmählich, bis die Linie zwischen dem, was man nicht tun würde, und dem, was man tun würde, beinahe unbemerkbar wird. Manche Leute überschreiten diese Linie aus Gier. Andere tun das aus Furcht vor Fehlern. Und wieder andere tun das, um ihren Ruf zu schützen.

In Madoffs Fall mag es sich um eine Kombination aus diesen und weiteren Faktoren gehandelt haben. Das werden wir vielleicht niemals wirklich erfahren. Wie auch immer, irgendetwas geschah, das ihn veranlasste, die Linie zu überschreiten und mit Betrug anzufangen.

Die Nachrichten verkündeten, dass er bei seiner Verhandlung gesagt habe, dass der Betrug in den frühen 90er-Jahren begonnen hatte, als er sich „genötigt"[16] sah, institutionellen Investoren trotz der schwachen Aktienlage und einer landesweiten Rezession Gewinne auszubezahlen. Er sagte dem Gericht auch: „Als ich das Schneeballsystem begann, war ich überzeugt, es wäre bald schon wieder beendet und ich wäre wieder in der Lage, mich und meine Klienten aus diesem System zurückzuziehen. Allerdings erwies sich das als schwierig und letztlich unmöglich."[17] Ist es nicht paradox, dass ausgerechnet der Mann, der auf seiner Internetseite stolz sein persönliches Engagement im Interesse seiner Klienten betonte, letztlich genau jene betrog, die ihm am nächsten waren?

„In einer Zeit gesichtsloser Organisationen, die im Besitz anderer ebenso gesichtsloser Organisationen sind, greift Bernard L. Madoff Investment Securities LLC zurück auf ein Modell einer vergangenen Ära in der Finanzwelt: den Namen des Besitzers an der Türe. Klienten wissen, dass Bernard Madoff ein persönliches Interesse daran hat, den makellosen Ausweis von Werthaftigkeit, Aufrichtigkeit in Geschäftsangelegenheiten und hohen moralischen Maßstäben aufrechtzuerhalten, die schon immer das Gütesiegel des Unternehmens waren."[18]

Kürzlich erzählte mir jemand, dass es ein afrikanisches Sprichwort gibt, das die Eltern-Kind-Beziehung beschreibt.

Es lautet: „Ich bin, der ich bin, weil du bist, der du bist." Und das ließ mich fragen, wie es wohl für Mark und Andy Madoff gewesen sein musste, als ihnen ihr Vater, den sie beide liebten und respektierten, erzählte, dass das Unternehmen, das er für sie aufgebaut hatte, „eine einzige Lüge" war. Die Madoffs sind eine jüdische Familie und zweifellos vertraut mit den Zehn Geboten. Die Brüder werden also das vierte Gebot gut gekannt haben, das sie dazu ermahnte, ihren Vater zu ehren. Ich vermute allerdings, dass sie ein schrecklicher Konflikt gequält hat: Denn wie sollte ein Sohn seinen Vater ehren, der ihnen, ihrer Mutter, ihrer Familie und der breiten Öffentlichkeit etwas derart Unehrenhaftes angetan hatte? Ich frage mich, ob ihnen 3. Mose 19,32 in den Sinn kam, wo es heißt: „Begegnet alten Menschen mit Achtung und Respekt […]."

Respekt und Ehrerbietung waren in biblischen Zeiten wichtige Lebenseinstellungen. Heute halten sie viele für eine antiquierte Vorstellung. Aber damals, in einer Welt, die auf der mündlichen Kommunikation basierte, war Ehrbarkeit für einen Menschen entscheidend, denn Worte waren verbindlich.

Ehre war entweder *zugeschrieben* oder *erworben* worden.[19] So wurde beispielsweise zugeschriebene Ehre dem zuteil, der Mitglied einer gesellschaftlichen Einheit wie der Familie war. Diese Auffassung spiegelt sich im vierten Gebot wider, in dem Gott verfügt, dass Väter schon allein aufgrund ihrer Rolle geehrt werden sollen. Gleiches gilt für einen König oder Herrscher. Diese Ehre spiegelt den Respekt oder die Achtung wider, die aufgrund des Rechts gezollt oder beansprucht wird. Auf der anderen Seite wird erworbene Ehre durch jemandes Taten gewonnen (oder verloren). Allerdings sind diese beiden

Arten der Ehre in Wirklichkeit eng miteinander verknüpft; handelt jemand in einem öffentlichen Belang unehrenhaft, so hat dies sicherlich Einfluss darauf, ob man bereit ist, zugeschriebene Ehre zu unterstützen oder anzuerkennen.

Aus diesem Grund muss Madoffs Geständnis für seine Söhne so schwierig gewesen sein. Als ihr Vater stand ihm die ihm von Gott zugeschriebene Ehre zu. Allerdings hatte er durch sein unehrenhaftes Handeln nicht nur seine erworbene Ehre verspielt, sondern auch zugleich ihre.

Ich bin überzeugt, dass das vierte Gebot nicht nur ein Gebot ist, das einseitig zu gelten hat. Dass sich Kinder benehmen – unter Androhung der Todesstrafe. Es ist unausgesprochen genauso ein Gebot für Väter, das voraussetzt, dass sie der Ehre wert sind. Kurz gesagt, im vierten Gebot verknüpft Gott zugeschriebene Ehre mit erworbener Ehre, um das Verhalten von Vätern und Kindern zu steuern. Denn es ist doch bemerkenswert, dass Kinder, die ihre Väter ehren, auch sich selbst ehren. So drückt es auch das afrikanische Sprichwort aus: „Ich bin, der ich bin, weil du bist, der du bist." Und andersherum werden Kinder, die in ihren Vätern nichts Ehrbares finden, allzu oft Beschämendes an sich selbst finden. Und das war es, was letztlich Mark, Madoffs ältestem Sohn, widerfahren sollte.

Ein Artikel im Wall Street Journal berichtete über die Schwierigkeiten, denen Mark Madoff begegnete, als er versuchte, nach dem aufgedeckten Skandal weiter in der Finanzwelt zu arbeiten. Trotz seiner jahrzehntelangen Erfahrung und seiner beachtlichen Verbindungen wollte kein Unternehmen der Wall Street mit ihm in Kontakt treten.

„Ein guter Ruf ist wertvoller als großer Reichtum; und beliebt sein ist besser, als Silber und Gold zu besitzen." Sprüche 22,1

Leider lautete Marks Nachname „Madoff", und im Denken vieler war dieser Name nun wertlos, nicht der Ehre wert und nur als Schimpfwort zu gebrauchen, als Beispiel dafür, was man nicht werden solle oder als Pointe in den Witzen der Late-Night-Shows.

Ein paar Wochen nach dem Erscheinen des Artikels nahm sich Mark am zweiten Jahrestag des Skandals auf dramatische Weise das Leben. Er erhängte sich mit einer Hundeleine in seinem Wohnzimmer, während sein kleiner Sohn nebenan schlief. Zweifellos war Mark Madoff tief betrübt, seit er seinen Vater der Strafverfolgung ausgesetzt hatte. Marks schreckliches Ende ist in der Tat ein weiteres schmerzhaftes wie erschreckendes Beispiel dafür, wie die Sünden der Väter auch das Leben der Kinder und Enkel beeinflussen können.

Seit Marks Tod hatte sein Bruder Andy einige Interviews gegeben, um über den Einfluss zu sprechen, den die Straftat ihres Vaters auf seinen Bruder und ihn selbst gehabt hat. In einem Beitrag der Reihe *60 Minutes* sagte er im Blick auf seine Familie: „Wir hatten moralische Werte und ein klares Gespür dafür, was richtig und falsch war."[20] Zudem war es für ihn sehr schwer zu fassen gewesen, dass sein Vater über Jahrzehnte die einwandfreie Arbeit, die er und sein Bruder leisteten, benutzt hatte, um seine illegalen Tätigkeiten zu verschleiern. Er legte dar, dass sie nichts als „menschliche Schutzschilde" waren. Und weiter: „Ich werde das nie verstehen. Ich werde nie wieder mit ihm sprechen. Ich werde ihm das nie vergeben."[21] Und es wurde deutlich: Andy würde seinen Vater nie wieder ehren.

Bernie Madoff hatte eine wichtige Lektion zu lernen versäumt. Eines der wichtigsten Geschenke, die ein Vater seinen Kindern machen kann, ist nicht Reichtum, sondern ein vorbildhaftes Leben, das es wert ist, geehrt zu werden. Ehre ist leichter zu erhalten als wiederherzustellen. Madoff ist aber nicht der erste Vater, der diese Lektion nicht gelernt hat, wie wir im Folgenden an der Beziehung von Saul zu seinem ältesten Sohn Jonatan feststellen werden.

Der richtige Mann für den Job

Die Geschichte über Saul nimmt ihren Anfang in 1. Samuel 8. Der Prophet Samuel, der als Richter Israels gedient hatte, war alt geworden und hatte beschlossen, seine beiden Söhne dazu zu bestimmen, ihn als Richter abzulösen. Allerdings „wandelten seine Söhne nicht in seinen Wegen" und die Ältesten Israels wollten sie ersetzen; sie baten Samuel, einen König zu ernennen, der über sie herrschen solle. Samuel hatte ernste Bedenken, ihrem Wunsch zu entsprechen, doch nachdem er Gott befragt hatte, machte er sich auf die Suche nach dem richtigen Mann für diese Aufgabe.

Saul wird erstmals erwähnt, als sein Vater Kisch ihn losschickt, um verirrte Esel zu suchen. (Das ist sicherlich eine gute Übung für jemanden, der einmal Herrscher werden soll.) Also machte sich Saul zusammen mit einem Diener auf den Weg. Nachdem er und sein Diener eine Weile unterwegs waren, kamen sie in das Land Zuf und hatten dort bei ihrer Suche nach den Eseln auch kein Glück. Saul wollte wieder umkehren, damit sich sein Vater nicht um ihn sorgen würde. Doch sein Knecht sagte zu ihm:

„Warte noch! In der Stadt da oben wohnt ein Prophet. Er genießt hohes Ansehen beim Volk, denn alles, was er sagt, trifft ein. Komm, lass uns doch zu ihm gehen! Vielleicht kann er uns sagen, wo wir die Tiere finden." 1. Samuel 9,6

Anders gesagt, wenn uns irgendjemand helfen kann, die verlorenen Esel zu finden, dann er! Aber trotz des vielversprechenden Vorschlags zögerte Saul, loszugehen und den Propheten aufzusuchen, weil er nichts als Geschenk oder Opfergabe für Samuel dabeihatte. Zum Glück hatte sein Diener ein wenig Geld dabei und so machten sich die beiden auf den Weg in die Stadt.

Bevor Saul und sein Diener auf Samuel trafen, sagte Gott diesem:

„Morgen um diese Zeit werde ich einen Mann aus dem Gebiet Benjamin zu dir schicken. Ihn sollst du zum König über mein Volk salben. Er wird Israel von den Philistern befreien, denn ich habe die Not meines Volkes gesehen und seine Hilfeschreie gehört." 1. Samuel 9,16

Dann, als Samuel Saul zu Gesicht bekam, sagte der Herr ihm:

„Sieh, das ist der Mann, von dem ich dir gestern gesagt habe: Er soll über mein Volk herrschen." 1. Samuel 9,17

Samuel lud Saul sofort zum Essen ein und erklärte:

„Wegen der Esel, die vor drei Tagen verschwunden sind, brauchst du dir keine Sorgen mehr zu machen. Sie sind gefunden. Außerdem gehört alles Wertvolle in Israel ohnehin dir und deinen Verwandten." 1. Samuel 9,20

Saul war fassungslos. Schließlich war er nur ein Benjaminiter aus dem kleinsten Stamm Israels und sein Klan war der kleinste des Stammes. Dennoch aß Saul mit Samuel. Wenig später erläuterte Samuel Gottes Plan, dass Saul Israels König werden solle, und erzählte Saul, dass er auf verschiedene Zeichen achten solle, die seine Erwählung bestätigen würden.

Während Sauls Heimweg trafen alle Zeichen so ein, wie Samuel es gesagt hatte. Und 1. Samuel 10,9 beschreibt, dass Gott „Saul ein anderes Herz gab". Saul begann, prophetisch zu reden; es wurde allen, die Saul kannten, deutlich, dass etwas an ihm geschehen war. Als er aber seinem Onkel Bericht erstattete, sagte er nichts davon, dass er König in Israel werden solle.

Kurz danach rief Samuel alle Stämme Israels zusammen und erzählte ihnen davon, dass Gott ihre Gebete erhört hatte und ihnen einen König schenken würde. Dann warf Samuel das Los, sodass das Volk deutlich erkennen sollte, dass der ermittelte Mann Gottes Wahl war und nicht seine eigene. Stämme und Männer wurden ausgeschlossen, bis nur noch Saul übrig war. Als es allerdings an der Zeit war, Saul vorzustellen, war er unauffindbar. Gott sagte ihnen, dass Saul sich im Lager versteckt hatte. Saul konnte sich zwar verstecken, aber er konnte nicht fliehen. Er war der Gesalbte Gottes. Also präsentierte Samuel Saul, der der größte und stattlichste aller Israeliten war, als ihren König.

Der biblische Bericht darüber, wie Saul aus dem Dunkel trat und zum König wurde, bietet uns einige Einblicke in seinen Charakter als junger Mann. Im Besonderen scheint er Demut und Verständnis für die Bedeutung der Ehre besessen zu haben. Beispielsweise ist das Suchen von Eseln gewiss nicht die glamouröseste Aufgabe für den stattlichsten Typen im Lande. Er war aber demütig und folgsam und tat, was ihm sein Vater aufgetragen hatte. Als sein Diener vorschlug, zu Samuel zu gehen, hörte er einem Untergebenen zu und war bereit, auf dessen Vorschlag einzugehen. In der Tat war seine einzige Sorge, dass er kein Geschenk hatte, um einen Propheten von Samuels Format zu ehren. Und als Samuel zum ersten Mal mit Saul sprach, reagierte dieser darauf mit Demut und erklärte, dass er nicht würdig sei, weil sein Stamm und sein Klan der geringste von allen sei. Auch als er seinen Onkel bei seiner Rückkehr traf, hätte er damit angeben können, dass er König werden solle, doch er sagte nichts. Und als die Lose geworfen und er offiziell zum König bestimmt wurde, brüstete er sich nicht damit. Er versteckte sich. Schließlich hielt Saul seine Zunge im Zaum, als ihm Lob und Spott entgegengebracht wurden, während das Volk seine Unterstützung zum Ausdruck brachte und ihn mit den Worten „Lang lebe der König!" bejubelte und anschließend Gegner in seiner Heimatstadt fragten: „Was soll der uns helfen?"

Ganz ähnlich wie Bernie Madoff war Saul schon früh in seiner Herrschaft mit Erfolg gesegnet. So gab ihm Gott beispielsweise einen schnellen und entscheidenden Sieg über die Ammoniter, die Feinde Israels. Dieser Erfolg verursachte viel Aufregung im Volk – und zwar so sehr, dass sie offiziell das Königtum mit Saul als Oberhaupt einführten (1. Samuel 11).

König Sauls Hauptfehler

Saul begann seine Herrschaft im Alter von dreißig Jahren. Er regierte, bis er zweiundsiebzig war. Allerdings veränderte sich Saul im Laufe seiner Regierungszeit stark – ähnlich wieder wie Madoff. Er machte eine Reihe entscheidender Fehler, die schließlich seiner Rolle als König und Vater schadeten.

Sauls erster Hauptfehler wird in 1. Samuel 13 berichtet. Er hatte einen Kampf gegen die Philister geführt, und nachdem sein Sohn Jonatan eine Garnison Philister besiegt hatte, antworteten diese darauf, indem sie eine massive Streitmacht von 3000 Wagen, 6000 Gespannen und Soldaten, „so viel wie Sand am Ufer des Meeres", aufstellten. Saul hatte nur etwa 3000 Mann, weshalb er und sein Sohn sich in die Richtung von Höhlen aufmachten, um sich dort zu verstecken. Die Bibel spricht sogar davon, dass diese Männer „vor Angst zitterten".

Allerdings wird aus dem Abschnitt deutlich, dass Saul Samuel eine Nachricht zukommen ließ, dass dieser kommen und ein Opfer darbringen solle, um Gottes Gunst angesichts der massiven Philisterstreitmacht zu gewinnen. Nach sieben

Tagen des Wartens fingen die Männer an, auseinanderzulaufen, sodass Saul entschied, das Opfer selbst darzubringen. Hier ähnelt Sauls Verhalten sehr dem von Bernie Madoff. Wie Madoff wurde Saul ängstlich, als sich der „Markt" gegen ihn kehrte. Statt darauf zu warten, dass sich die Lage verbessern würde (dass Gottes Prophet ankommen würde), veranstaltete er ein Brandopfer, das ein Betrug war.

Jedenfalls traf Samuel ein, als Saul das Opfer gerade beendet hatte, und sagte: „Was hast du getan?" Sauls Antwort verdeutlicht seinen wachsenden Stolz, seine Angst und einen tief greifenden Mangel an Gottvertrauen. Samuel nimmt kein Blatt vor den Mund und sagt Saul, dass sein Vorgehen töricht war. Er hatte Gottes Gebot gebrochen und Sauls Königreich – gemeint ist seine Herrscherlinie – würde nicht Bestand haben. Gott würde jemanden anderen wählen, einen Mann „nach seinem Herzen", um das Volk zu regieren. Kurz gesagt, Samuel sagte Saul, dass seiner Dynastie die *zugemessene* Ehre der Königsherrschaft entzogen worden sei wegen dieses besonders unehrenhaften Handelns, das zum Verlust der *erworbenen* Ehre führte. Sie sehen, Saul missachtete Samuel, den Propheten Gottes, indem er sich dessen Rolle aneignete. Er missachtete ebenfalls Gott durch einen Mangel an Vertrauen.

Im Kontrast dazu gelingt Sauls Sohn Jonatan im nächsten Kapitel – obwohl er sich in deutlicher Unterzahl befindet, aber auf Gott vertraut – ein siegreicher Überraschungsschlag gegen das Lager der Philister. Seine Heldenhaftigkeit und sein Mut einen die Streitkräfte der Israeliten und befähigen sie, die Philister zu besiegen. Am interessantesten daran, wie das geschieht, ist die Tatsache, dass Jonatan Saul nichts davon erzählt, während er sich auf den Überraschungsangriff vorbereitet. Ging er so vor, weil er wusste, dass Furcht seinen Vater dazu veranlasst hatte, Gottes Gebot zu übertreten und unrechtmäßig ein Opfer zu bringen? Oder fiel es Jonatan langsam schwer, seinen Vater zu ehren, der sich unehrenhaft verhalten hatte? Leider verschlimmerten zukünftige Ereignisse die Zwickmühle, in der sich Jonatan befand.

Man erkennt, dass Sauls Verhalten immer unschöner wurde, als ihm bewusst wurde, dass er das Königreich verloren hatte. In der folgenden Liste finden sich Dinge, die Saul tat und die, wenn sie irgendein Vater tut, es schwierig – wenn nicht unmöglich – für ein Kind machen, ihn zu ehren:

Er traf unweise Entscheidungen und behandelte andere unfreundlich. – Nach Jonatans Überraschungsangriff verfolgte Israels Armee die Philister einen Tag lang. Am Ende des Tages war die Armee Israels müde und hungrig. Saul aber legte einen übereilten Eid vor Gott ab, dass jeder, der etwas essen würde, mit dem Tode bestraft werden solle. Als König führte Saul die Verfolgung nicht selbst an und hatte vermutlich genügend zu essen. Erinnern Sie sich daran, dass Saul außerdem gerade gesagt worden war, dass er sein Königsamt verlieren würde. Deshalb ist es recht wahrscheinlich, dass Saul versuchte, Gottes Gunst zu gewinnen. Vielleicht war dies ein weiteres „Opfer", mit dem er versuchte, seinen Ungehorsam auszubügeln. In jedem Fall wusste Jonatan nichts von Sauls Schwur und aß Honig, um zu Kräften zu kommen. Saul wollte Jonatan töten, aber das Volk erhob sich gegen ihn, sodass er seinen eigenen Eid brechen musste.

Er ließ zu, dass Menschenfurcht ihn beeinflusste. – In 1. Samuel 15 forderte Samuel Saul auf, die Amalekiter anzugreifen und jeden und alles, was sie besaßen, zu vernichten. Saul war diesem direkten Befehl Gottes allerdings ungehorsam. Er ließ den Amalekiterkönig am Leben und verschonte das beste Mastvieh. Als Samuel Saul mit seinem Ungehorsam konfrontierte, log er ganz bewusst. Als ihn dann aber die blökenden Schafe verrieten, änderte Saul seine Ausrede und gab vor, er habe das Vieh verschont, um es Gott zu opfern … und danach würde man losziehen, um alles, was übrig geblieben war, zu vernichten. Aber Gehorsam ist besser als Opfer. Deshalb konnte diese neue Geschichte Samuel auch nicht umstimmen. Letzten Endes kam Saul mit der Wahrheit heraus. Er hatte sich vor einem Volk gefürchtet, das die Beute behalten wollte, und gehorchte ihnen statt Gott.

Er erlaubte der Eifersucht, dass sie ihn beherrschte. – Eine gute Definition von Eifersucht besagt, dass man mehr Zeit damit verbringt, die Segnungen anderer zu zählen, als die eigenen. Und mit Blick auf David traf das bei Saul sicherlich zu. Nachdem David Goliath besiegt hatte (1. Samuel 17), feierten die Frauen in Israel das, indem sie sagten: „Saul hat tausend erschlagen, David aber zehntausend" (1. Samuel 18,7). Das verärgerte Saul so sehr, dass er am folgenden Tag zwei Mal versuchte, David mit einem Speer zu töten. Saul verfehlte sein Ziel, aber seine Eifersucht trieb ihn dazu, viel seiner verbleibenden Lebenszeit mit dem Versuch zu verbringen, David zu töten.

Er belog seine Kinder und missbrauchte sie in unehrenhafter Weise. – Saul war so darauf versessen, David zu töten, dass er sogar seine Kinder belog und versuchte, sie gegen David zu benutzen. Beispielsweise ermutigte Saul David, seine Tochter Michal zu heiraten, weil er sie als „Falle" gegen ihn einsetzen wollte (1. Samuel 18,21). Außerdem versuchte er, die Freundschaft, die David und Jonatan verband, dazu zu benutzen, David verschiedene Fallen zu stellen, um ihn zu töten. Als Jonatan Saul wegen des Vorhabens kritisierte, David zu töten, und ihn fragte: „Warum soll er sterben? Was hat er getan?" (1. Samuel 20,32), wurde Saul so wütend, dass er einen Speer nach Jonatan warf, um ihn zu töten. Dass Jonatan nach diesem Vorfall überaus verärgert war, überrascht nicht. Sauls Eifersucht gelang es nicht, David zu töten, aber sie entfremdete Saul seinem Sohn, der ihn nach Gottes Gebot eigentlich ehren sollte.

Wie man sich denken kann, macht ein Vater, der sich verhält, wie Saul es tat, es seinen Kindern unmöglich, ihn zu ehren. Und bei Saul und Jonatan war das gewiss der Fall. Aufgrund Sauls unehrenhaften Verhaltens gegenüber Gott, Samuel, David und gegenüber seinen Kindern fiel Saul schließlich in Ungnade. Wie Bernie Madoff war auch Saul nicht in der Lage, das „Familienunternehmen" an seine Nachkommen zu übergeben. Kurz gesagt, er verlor alles. Das sollte uns allen eine Lektion über schlechte Väter sein, die wir nicht vergessen sollten.

○ Zum Nachdenken

In diesem Kapitel besprachen wir den Unterschied zwischen zugeteilter Ehre, die jeder Vater von Gott bekommen hat, und erworbener Ehre, die gewonnen oder verloren werden kann aufgrund des eigenen Handelns. Offensichtlich ist erworbene Ehre etwas, das jeder Vater kontrollieren kann. Bitte nehmen Sie sich einige Augenblicke Zeit, um darüber nachzudenken, wie gut Ihnen das in diesem Bereich gelingt. Bedenken Sie die Beispiele unehrenhafter Fehler Sauls, die er tat. Stellen diese Bereiche Herausforderungen für Sie dar? Falls das nicht der Fall ist: Wie sieht es in anderen Bereichen wie dem Verhalten Ihrer Frau, Ihren Kindern oder anderen Menschen gegenüber aus? Machen Sie eine Liste mit besonderen Herausforderungen, die Ihnen begegnen.

○ Verändern Sie Ihr Vatersein

Wählen Sie aus den Bereichen, die Sie im vorangegangenen Abschnitt aufgelistet haben, einige aus, und umreißen Sie Handlungsweisen, die für Sie notwendig sind, damit Sie Ihr Verhalten zu zunehmender Ehrbarkeit hin verändern. Nehmen wir beispielsweise an, Sie haben die Angewohnheit, besonders in Anwesenheit Ihrer Kinder unfreundlich mit Ihrer Frau zu sprechen. Dies wäre offensichtlich unehrenhaft, da es Ihre Frau verletzt und Ihren Kindern Schaden zufügt. Dementsprechend könnten Sie über Jakobus 3,1–12 und andere Verse nachdenken, die von der Zähmung der Zunge sprechen.

5.

Abraham

Er gab sein Kind auf

„Ihr Väter, behandelt eure Kinder nicht ungerecht! Sonst
fordert ihr sie nur zum Widerspruch heraus.
Eure Erziehung soll sie vielmehr in Wort und Tat
zu Gott, dem Herrn, hinführen." Epheser 6,4

Auf den ersten Blick schienen diese beiden Männer keine
Gemeinsamkeit zu haben. Der eine war weißer Europäer,
aufgewachsen in einer privilegierten Familie und einem in-
ternationalen Umfeld, er reiste viel und hatte eine Erziehung
in den besten Schulen genossen. Der andere Mann war ein
armer, schwarzer Junge. Komfort hatte es für ihn kaum gegeben, solange er sich zurückerinnern konnte. Obwohl er ein
schlaues Bürschchen war, hatte er nur gelegentlich die Möglichkeit, eine Schule zu besuchen.

Und doch sind diese beiden Männer – Anders Behring
Breivik, Norwegens Massenmörder, und Lee Boyd Malvo,
der Beltway-Heckenschütze –, obwohl sie aus ganz verschie-
denen Welten stammen, für immer miteinander verbunden.
Sie sind „Brüder" als vaterlose Jungs, die jeweils eine Nation
terrorisiert und Unschuldige getötet haben.

Der Schrecken, den der Heckenschütze im Raum Washington verbreitet hat, ist in meiner Erinnerung noch sehr

lebendig, denn ich war gerade dorthin umgezogen. Die Menschen waren wie gelähmt von Furcht, und das zu Recht. Dieser Heckenschütze verfolgte die Strategie, wahllos auf Menschen zu schießen, während diese ihren ganz alltäglichen Verrichtungen nachgingen. So wurden ganz banale Tätigkeiten, wie das Tanken des Autos, zu einer mutigen Tat.

Ich erinnere mich noch gut an den Tag, als die Nachrichten berichteten, dass man *die* mutmaßlichen Schützen, einen 41-jährigen Mann und einen 17-jährigen Jungen, gefasst habe. Allem Anschein nach war wohl hauptsächlich der Junge der Schütze gewesen. Instinktiv wusste ich sofort, dass es hier irgendwie auch um eine Geschichte über das Vatersein gehen würde.

So war es auch.

Schnell wurde durch die Medien die Geschichte bekannt, wie Malvo unter den Einfluss seines Komplizen John Muhammad geraten war.[22] Malvo begann, folgsam und bestrebt, es Muhammad recht zu machen, diesen „Papa" zu nennen, kurz nachdem sie zusammentrafen, und er fügte sogar noch „John" als Vornamen an, um seinen neuen „Vater" so zu ehren. Die Nachrichtenberichte beschrieben auch, wie Muhammad seinen neuen „Sohn" mit militärischer Präzision schulte, wie er sein erstes Opfer, die 21-jährige Mutter Kenya Cook, durch einen Schuss ins Gesicht aus nächster Nähe töten sollte.[23]

Im Oktober 2012 gab Malvo mit 27 Jahren Matt Lauer, dem Moderator der Sendung *The Today Show*, ein Interview, das interessante Einsicht gab über den Einfluss, den Muhammad auf dieses junge Leben gehabt hatte. Er sagte: „Er

[Muhammad] wusste ganz genau, was mich motivierte, wonach ich mich sehnte, was mir fehlte ... Ich konnte nicht Nein sagen. Ich hatte mein ganzes Leben lang nach diesem Maß an Liebe, Annahme und Beständigkeit gesucht und es nicht finden können."[24]

Zu dieser Geschichte gehört noch eine weitere, nämlich die von Lee Malvos leiblichem Vater, Leslie Malvo, der vier Kinder mit ebenso vielen Frauen hatte und der aus Lees Leben verschwand, als dieser sechs Jahre alt war. Er wusste nicht einmal, dass sein jugendlicher Sohn in den USA lebte. Er hatte vier Jahre lang nicht mit ihm gesprochen und erfuhr nur aus Zeitungsberichten, dass sein Sohn der Heckenschütze von Washington war. Als Reporter Leslie Malvo in Jamaika ausfindig machten, konnte er denen nur erzählen, dass er sich an seinen Sohn als „nettes Kind" erinnerte.[25]

Breiviks Kindheitsgeschichte ist der von Malvo erschreckend ähnlich. Seine Eltern ließen sich scheiden, als er etwa ein Jahr alt war. Und wie Malvo wurde er als „ganz normaler norwegischer Junge"[26] beschrieben.

Allerdings begann Anders Breivik sich zu verändern, als er etwa fünfzehn Jahre alt war. Sein Vater, der Diplomat Jens David Breivik, hatte erneut geheiratet und lebte in Paris. Eine Zeit lang besuchte Anders seinen Vater, aber als er ins Teenageralter kam, wurde sein Verhalten rebellischer. Er begann, sich mit einer Straßenbande in Oslo herumzutreiben, die dafür bekannt war, dass sie Graffitis an öffentliche Gebäude sprayte. Vater und Sohn entfremdeten sich zunehmend, wobei sie sich gegenseitig beschuldigten, an dieser Entfremdung schuld zu sein. Jens Breivik sagte: „Ich war stets bereit, ihn zu sehen, und er wusste das auch. Es war Anders, der den Kontakt abbrach."[27] Anders' weitschweifiges, 1500 Seiten umfassendes „Manifest" offenbart allerdings seinen Schmerz und die tief sitzende Feindseligkeit gegenüber seinem Vater: „Ich habe nicht mehr mit meinem Vater gesprochen, weil er sich selbst isolierte, als ich fünfzehn war … Er hat vier Kinder, aber er hat zu allen den Kontakt abgebrochen. Somit ist es offensichtlich, wessen Fehler das war … Ich versuchte vor fünf Jahren, mit ihm in Kontakt zu treten, aber er sagte, er sei innerlich nicht bereit für ein Wiedersehen."[28]

Wie Malvos Vater war auch Jens Breivik ähnlich ahnungslos im Blick auf seinen Sohn, als Reporter ihn aufsuchten. Auch er hatte durch die Medien davon erfahren, dass sein Sohn ein Massenmörder war. Wie Malvos Vater hatte auch er Beziehungen zu zahlreichen Frauen gehabt. Von Scham geplagt, sagte Jens Breivik in einem Fernsehinterview: „In meinen dunkelsten Augenblicken denke ich, er hätte sich das Leben nehmen sollen, statt all diese Leute zu töten. Wenn ich daran denke, was geschehen ist, regt mich das derart auf, und ich verstehe noch immer nicht, dass so etwas geschehen konnte. Kein normaler Mensch kann so etwas tun."[29]

Die Reise vom Jungen zum Mann kann gefährlich sein. Jungen können zur Beute gefährlicher Individuen werden, wie Malvo, oder gefährlichen Ideologien zum Opfer fallen, wie in Breiviks Fall. Aus diesem Grund brauchen Jungen Anteil nehmende und liebevolle Väter, die sie begleiten und die ihnen Orientierung schenken.

Jungs haben ein „Loch in ihrer Seele", das in etwa dem Umriss ihres Vaters ähnelt. Ich bin davon überzeugt, dass Gott ihnen bereits im Mutterbauch zuflüstert, dass er ihnen einen besonderen Mann zur Seite stellt, der sie wie kein anderer lieben wird. Wenn aber ein Vater unfähig oder unwillig ist, diese „Lücke" und seine Rolle auszufüllen, dann kann seine Abwesenheit eine Wunde hinterlassen, die nicht leicht zu heilen ist. Und viel zu oft verwunden verwundete Menschen andere.

Damit ich nicht missverstanden werde: Ich will Malvo und Breivik nicht im Geringsten entschuldigen. Sie haben böse Wege eingeschlagen und sind verantwortlich für ihr Verhalten. Es gibt niemals eine Entschuldigung dafür, Unschuldige zu töten. Aber es gibt eine Erklärung: eine, die so offensichtlich ist, dass sie oftmals übersehen wird. Wissen Sie, wir als Gesellschaft haben die letzten rund 40 Jahre damit zugebracht, uns selbst (und den Jungen) einzureden, dass Väter nicht wichtig sind. Sie seien überflüssige Relikte der Vergangenheit und nicht wesentlich für das Wohl ihrer Kinder. Nun, die Malvos und Breiviks dieser Welt schreien es heraus, dass dem einfach nicht so ist. Die Frage ist, werden wir sie hören oder dafür sorgen, dass sie weitere „Brüder" bekommen?

Nun, sage ich damit, dass ein Kind, das von seinem Vater abgelehnt wird, dazu verdammt ist, ein Massenmörder zu werden? Natürlich nicht. Aber die soziologische Forschung und andere Anhaltspunkte legen nahe, dass es eine beunruhigende Wechselbeziehung gibt, über die es wert ist, weiter nachzudenken. Denn Jungen, die ohne ihren Vater aufwachsen, kommen nachweislich mit erheblich höherer Wahrscheinlichkeit mit dem Gesetz in Konflikt.

Vor mehreren Jahren hatte ich die Gelegenheit, das Bundesgefängnis von Louisiana zu besuchen, das unter dem Namen „Angola" bekannt ist. Dieses berüchtigte Gefängnis, das sich über eine Fläche von 72 Quadratkilometern erstreckt, ist mit seinen 5200 Insassen das größte Hochsicherheitsgefängnis der USA. Es ist bemerkenswert, dass die Höhe der Strafen im Gefängnis durchschnittlich bei 88 Jahren liegt und dass 3600 der 5200 Insassen zu lebenslanger Haft ohne Möglichkeit der Bewährung verurteilt sind. „Angola" liegt am Ende des Highways 66 und ist völlig anders als andere Gefängnisse. Es hat einen Friedhof. Es liegt, bildlich gesprochen und im wahrsten Sinne des Wortes dort, „wo der Weg endet".

Ich besuchte das Gefängnis anlässlich eines besonderen Tages. Eine Gruppe einsitzender Väter nahm an unserem „InsideOut Dad"-Programm teil, das darauf ausgerichtet ist, inhaftierten Vätern zu helfen, in Kontakt mit ihren Kindern zu bleiben. Die meisten der männlichen Insassen sind selbst Väter und viele von ihnen wuchsen selbst ohne guten Vater auf. Und oft kann es davon abhängen, ob die Kinder ins Gefängnis folgen oder nicht, ob sie einen Elternteil haben, der im Gefängnis war oder ist. Die Veränderung allerdings, die geschieht, wenn Väter das „InsideOut Dad"-Programm durchlaufen, ist beachtlich. Sie ist ein Schlüssel, die generationsübergreifende Kette der Kriminalität innerhalb einer Familie zu durchbrechen.

Obwohl ich die Gelegenheit hatte, an jenem Tag mit vielen Vätern zu sprechen, gab es da einen Vater, dessen Geschichte ich wohl niemals vergessen werde. Er war etwa 35 Jahre alt und erzählte mir, dass er ohne seinen Vater aufgewachsen war. Als er etwa 17 Jahre alt war, verlor er die Beherrschung und brachte sich in Schwierigkeiten … in ernste Schwierigkeiten. Er ermordete jemanden und saß nun seine lebenslange Strafe für den vorsätzlichen Mord ab. Und in der Zeit zwischen seiner Tat und der Verurteilung wurde ein Mädchen von ihm schwanger.

Aber das war bei Weitem noch nicht der beunruhigendste Aspekt seiner Geschichte.

Er erzählte mir, dass dies nicht sein erster Aufenthalt in „Angola" war. Er war zum zweiten Mal da. Als er etwa sieben Jahre alt war, kam er nach „Angola", um zum ersten Mal in seinem Leben seinen Vater zu treffen. Er sagte mir, dass er sich geschworen habe, dass er niemals wie sein Vater werden wolle. Doch nun war er wie er geworden. Nun hatte er nur ein einziges Ziel vor Augen, das darin bestand, sicherzustellen, dass sein 17-jähriger Sohn die Familientradition nicht fortführen würde.

Als ich den Worten dieses Vaters über sein Leben hinter Gittern und über seine Vergangenheit zuhörte, konnte ich bei ihm – wie bei vielen inhaftierten Vätern, die ich zuvor getroffen hatte – eine tief sitzende Verletzung feststellen – das Resultat eines abwesenden Vaters.

Letztlich bist du Bein von seinem Bein und Fleisch von seinem Fleisch. Und ein Vater ist jemand, der dich lieben, beschützen und leiten soll wie kein Zweiter. Wenn aber ein Vater schlechte Entscheidungen fällt, die dazu führen, dass er eingesperrt wird, wie soll man dieser Verlassenheit Sinn

abgewinnen, besonders als Kind? Leider ist diese Art der Zurückweisung tief greifend. Ist es da verwunderlich, dass die
Jungen ihren Schmerz durch Wut und Gewalt lindern wollen? Ich denke nicht.

Dass es eine brodelnde Wut in unserer Mitte gibt, ist hier
und da spürbar. Wir sehen Anzeichen dafür in unseren Schulen, Vierteln und in den Medien (besonders in der Musik),
die von Jugendlichen konsumiert werden. Vor einiger Zeit
setzte ich mich mit dem Text des Liedes „Cleaning Out My
Closet" (Die Rumpelkammer ausräumen/Ich packe aus) von
Eminem auseinander. Er ist der Rapper mit den meistver-
kauften Alben des letzten Jahrzehnts. Er hat über 80 Millionen Tonträger verkauft und elf Grammys gewonnen. Allein
diese Zahlen zeigen, dass er mit seiner Art Musik eine sehr
vielschichtige Zuhörerschaft erreicht und anspricht, besonders junge Männer. Und in diesem autobiografischen Lied ist
seine Wut förmlich mit Händen zu greifen, wenn er über seinen Vater spricht, der ihn verließ, als er gerade einmal einige
Monate alt war. Er sagt: „Ich frage mich, ob er mich überhaupt zum Abschied geküsst hat. Nein, ich verschwende keinen weiteren Gedanken, ich wünschte, er würde … sterben."

Dass Eminem, der nun selbst ein alleinerziehender Vater ist, ein stürmisches Leben geführt hat, zu dem u. a. auch
Schlägereien gehörten, überrascht nicht. Entgegen seiner Absicht ist er nicht davon überzeugt, wirklich in der Lage zu
sein, den Schaden „auszuräumen", den die Abwesenheit seines Vaters hinterlassen hat. Sein Vater verließ ihn, als er sechs
Monate alt war. Eminem hat ihn nie kennengelernt. Und der
Schmerz darüber ist noch immer vorhanden. Beachten Sie,

was er in einem Interview auf die Frage antwortete, ob er seinen Vater gern treffen würde:

„Ich weiß nicht. Ich weiß nicht. Mir stellen manche Leute diese Frage. Ich denke nicht, dass ich das will … wenn man meine Kinder in den hintersten Winkel der Welt bringen würde, würde ich sie finden. Ich habe daran nicht den kleinsten Zweifel. Ohne Geld, ohne alles, wenn ich nichts hätte, würde ich meine Kinder finden. Also, es gibt keine Entschuldigung. Es gibt keine Entschuldigung.“[30]

Heute leben in den Vereinigten Staaten etwa 25 Millionen Kinder – landesweit ein Drittel und in afroamerikanischen Familien zwei Drittel – in Familien ohne Vater.[31] Es mag sicher eine Reihe von Gründen geben, warum ein Vater nicht bei seiner Familie sein kann, doch leider hat der Vater in viel zu vielen dieser Fälle seine Kinder einfach verlassen. Wenn die Beziehung zur Mutter endet, so endet auch die Beziehung zu den gemeinsamen Kindern. In der Tat sehen etwa 40 Prozent der Kinder in Familien ohne Vater ihren Vater weniger als einmal im Monat.[32] Und viele sehen ihre Väter überhaupt nicht.

Vaterlosigkeit ist also ein wirklich großes Problem. Wir haben Wind gesät und ernten einen Wirbelsturm negativer Folgen, weil Kinder in vaterlosen Familien in erheblichem Maß stärker anfällig sind für schlechte Schulleistungen, Teenagerschwangerschaften, Verhaltensauffälligkeiten und vieles mehr.[33] Und aus diesem Grund ist die Geschichte von Abraham und der Art, wie er seinen Sohn Ismael behandelte, heute so aktuell. Leider machte er einen Fehler, den alle Väter vermeiden sollten.

Ismaels Geburt

Ich bin schon seit vielen Jahren Christ und ich habe zahllose Predigten gehört über Abraham und seine Rolle als Vater. Kürzlich fiel mir aber erst auf, dass sich fast jede dieser Predigten um Abraham als Vater Isaaks gedreht hatte. Abraham hatte allerdings einen weiteren Sohn namens Ismael, der sein Erstgeborener war. Doch diese Beziehung war eine völlig andere als zu Isaak. Und ich bin überzeugt, dass es einige wichtige Lektionen für uns Väter bereithält, wenn wir uns die Beziehung zu Ismael etwas genauer anschauen.

Im Hinblick auf Abraham als Vater fängt seine Geschichte eigentlich in 1. Mose 15 an. Gott kam zu Abraham in einer Vision, um ihm erneut die Verheißung zu bestätigen, dass sein Lohn groß sein solle. Als Gott Abraham zum ersten Mal rief, sagte er ihm, dass Abrahams Nachkommen zu einem großen Volk werden sollen (1. Mose 12,2). Es waren seither viele Jahre vergangen, Abraham war mittlerweile sehr alt geworden, und er hatte noch immer kein Kind. Doch Gott schloss einen Bund mit Abraham und sicherte ihm zu, dass seine Nachkommen so zahlreich sein sollten wie die Sterne am Himmel.

Doch wieder verging die Zeit, vermutlich waren es mehr als zehn Jahre, und Abrahams Ehefrau Sara entschied, dass es an der Zeit sei, die Angelegenheit selbst in die Hand zu nehmen. Sie schlug Abraham vor, dass er mit ihrer Magd Hagar schlafen und durch sie zu einem Kind kommen solle. Es gab einen alten mesopotamischen Brauch, wonach eine unfruchtbare Frau ihrem Ehemann ihre Magd anbieten konnte; falls daraufhin ein Kind geboren wurde, würde es anschließend als das Kind der Ehefrau gelten. Das Kind wurde quasi vom Vater adoptiert. Das sah nach einem vielversprechenden Plan aus. Nun ja, so kam es Abraham jedenfalls vor, und er schlief mit Hagar und sie wurde schwanger.

Lassen Sie uns an dieser Stelle einen Augenblick innehalten und darüber nachdenken, was Abraham wusste, bevor er seine Entscheidung traf. Erstens hatte sich Abraham nach 1. Mose 15 entschlossen, weil er noch immer keinen Sohn hatte, Elieser von Damaskus zu seinem Erben zu machen; Gott aber hatte diesem Plan eine Absage erteilt und Abraham gesagt, dass er ihm einen Sohn geben werde. Zweitens war das, was Sara Abraham vorschlug, ein „Brauch". Sie sagte nicht, dass dieser Plan von Gott stamme. Es war *ihr* Plan. Wann auch immer Ihnen jemand vorschlägt, Brauch und Überlieferung statt Gottes Plan zu folgen, sollten bei Ihnen Alarmglocken läuten, die Sie nicht übergehen sollten. Letzten Endes redete Abraham mit Gott. Bevor er diese sehr wichtige Entscheidung traf, hätte er sich versichern sollen, dass Saras Plan Gottes Plan war. Schließlich hatte es Abraham mit einer Frau zu tun, die ganz offensichtlich unsicher war im Blick auf ihre Unfruchtbarkeit.

Abraham traf die falsche Entscheidung und dadurch begab er sich auf einen schlechten Weg. Denn wie zu erwarten, begann Hagar, nachdem sie schwanger geworden war,

Geringschätzung gegenüber Sara zu zeigen. Als Abraham die Angelegenheit nicht so regelte, wie Sara es von ihm verlangt hatte, ging sie hart gegen Hagar vor, die daraufhin in die Wüste floh. Ein Engel des Herrn begegnete Hagar dort und sagte ihr, sie solle zu Sara zurückgehen:

„Du wirst einen Sohn bekommen. Nenne ihn Ismael, denn der Herr hat gehört, wie du gelitten hast. Dein Sohn wird wie ein wildes Tier sein, das niemand bändigen kann. Er wird mit jedem kämpfen und jeder mit ihm. Aber niemand kann ihn wegjagen. [...] Hagar ging wieder zurück. Sie bekam einen Sohn, und Abram nannte ihn Ismael. Abram war zu der Zeit 86 Jahre alt." 1. Mose 16,11–16

Die Geburt von Isaak

Nun wurde die ganze Situation für Abraham *wirklich* schwierig. Denn als Abraham etwa 100 Jahre alt war, sagte ihm Gott, dass er ihm einen Sohn schenken werde, den er Isaak nennen solle ... einen Sohn Saras. Und Gott würde seinen Bund mit Isaak schließen. Man dürfte meinen, dass das für Abraham ein Anlass zum Jubeln gewesen sein musste, aber interessanterweise sagte er:

„Ja, erhalte doch Ismael am Leben!" 1. Mose 17,18

Anders gesagt, Abraham sagte: „Tja ... Gott, ich habe da schon einen Plan, den ich verfolge ... Es wäre viel einfacher, wenn du den segnen würdest. O Herr, segne bitte dieses Chaos!"

Zu diesem Zeitpunkt war Ismael bereits etwa dreizehn Jahre alt. Abraham hatte ihn adoptiert, beschnitten und eine Beziehung zu ihm aufgebaut. Da er davon ausging, dass Saras Plan Gottes Plan war, kann man wohl annehmen, dass Abraham Ismael bereits davon erzählt hatte, dass er das Kind des Bundes sei. Und nun hatte er wirklich ein Problem.

Schon bald wurde Sara schwanger und brachte Isaak zur Welt, so wie Gott es verheißen hatte. Und Abraham beschnitt ihn nach acht Tagen. Als Isaak entwöhnt war, so sagt die Bibel, veranstaltete Abraham ein großes Fest, um diesen Umstand zu feiern, nur es gab ein großes Problem. Sara wurde zornig, als sie sah, wie Ismael „sich über Isaak lustig machte" (1. Mose 21,9). Sie verlangte, dass Abraham sich unverzüglich von der „Sklavin" und ihrem Sohn trennen sollte. Abraham wollte das nicht, aber Gott sagte ihm, er solle Saras Bitte nachkommen. Also gab Abraham Hagar und Ismael Nahrung und Wasser mit auf den Weg und schickte sie in die Wüste. Kurz gesagt, er ließ sie allein. Die gute Nachricht bestand darin, dass Gott ein treuer Vater der Vaterlosen ist und Ismael vor dem sicheren Tod rettete. Doch das hat Abraham nicht von der Verantwortung für sein Tun als Vater entbunden, besonders, wenn man es aus Ismaels Blickwinkel betrachtet.

Ismael war immerhin der erstgeborene Sohn, der normalerweise den Segen seines Vaters empfangen sollte und den Löwenanteil des Erbes, doch nun sollte all das an Isaak fallen. Da Abraham gedacht hatte, Ismael wäre der Sohn des

Bundes, hatte er ihn auch sicherlich entsprechend behandelt und sein Wissen und seine Weisheit an ihn weitergegeben. Nun wurde Ismael im Stich gelassen, war in der Wüste dem Tode nahe und musste zusehen, wie auch seine Mutter sterben würde. Ich kann mir vorstellen, dass er sich gefragt haben muss, was denn an ihm so verkehrt sei, dass sein Vater ihn weggestoßen und auf solche Weise im Stich gelassen hatte. Ich vermute außerdem, dass in ihm Wut aufstieg und die Saat gelegt wurde, die ihn zu „einem Wildesel von Mann" machte, der mit jedem im Streit lag.

Die Geschichte von Abraham und Ismael ist zwar schon sehr alt, aber noch heute bedeutsam. Offen gesagt kann man leichthin behaupten, dass Abraham eine „von Gott verordnete" Ausrede gehabt hatte, Ismael im Stich zu lassen. Wer das aber so sieht, trifft nicht den Kern. Abraham war derjenige, der dadurch sündigte, dass er nicht auf Gott gewartet hatte. Ismael war schließlich nur die Folge der Sünde Abrahams. Und ähnlich wie heute haben Kinder ungerechterweise unter den Sünden ihrer Väter zu leiden. Denken Sie beispielsweise an die Kinder inhaftierter Väter, die ich bereits erwähnt habe. Sie befinden sich in Gefahr, weil sie keinen Vater in ihrem Leben haben, der sie begleitet und beschützt. Wie Abrahams Fehler sind dies Fehler von Vätern, die Kinder verletzbar, verwundet und noch öfter, als wir das zuzugeben bereit sind, voller Wut zurücklassen.

🔍 Zum Nachdenken

Abrahams und Ismaels Geschichte konzentriert sich auf die Folgen von Verlassensein. Ich möchte allerdings die Auffassung dessen erweitern, was es heißt, ein Kind im Stich zu lassen. Ein Beispiel von S. Truett Cathys, dem Gründer der Fast-Food-Restaurantkette Chick-fil-A:

„Ich war im eigentlichen Sinne ‚vaterlos'. Mein Vater lebte. In der Tat, er war jeden Abend zu Hause, und ich habe nie gesehen, dass er Geld verspielt oder getrunken oder meine Mutter betrogen hat. Aber er hat mir nie gesagt: ‚Ich hab dich lieb.' Und als ich Hilfe brauchte, wie damals, als ich an einem verregneten Sonntagmorgen krank war und die Zeitungen holen musste, die ausgeliefert worden waren, da wusste ich, dass ich ihn nicht einmal um Hilfe bitten brauchte. Als ich zum Mann heranwuchs, haben mein Vater und ich nie die schwierigen Fragen des Lebens besprochen."[34]

Gute Väter tun drei Dinge für ihre Kinder: *Sie versorgen und ernähren sie und schenken ihnen Orientierung*, was meint, dass sie sich um ihre Kinder auf der körperlichen, der seelischen und der geistlichen Ebene kümmern. Es kann allerdings möglich sein, dass ein Vater im Leben seiner Kinder zwar körperlich anwesend ist, seelisch und geistlich aber abwesend. Und diese Art der Abwesenheit oder des Im-Stich-Lassens ist für Kinder gleichermaßen schmerzlich.

Nehmen Sie sich bitte ein paar Minuten, um darüber nachzudenken, wie gut Sie sich als Vater schlagen. Was würde derzeit

Ihr Kind über Sie sagen, vielleicht Ähnliches wie das von Truett Cathy? Wenn dem so ist, listen Sie für sich ein paar Punkte auf, die Sie verändern müssen.

Ich habe in diesem Kapitel gesagt, dass Kinder in ihrer Seele ein Loch in Form ihres Vaters haben. Wenn Väter nicht gewillt oder nicht in der Lage sind, diese Lücke zu füllen, kann das Wunden hinterlassen, die nicht leicht heilen. Gott half mir zu sehen, dass meine Wunde aufgrund meiner eigenen Erfahrung von Vaterlosigkeit sich darauf auswirkte, wie ich als Vater mit meinen Kindern umging. Ich habe einen kurzen Aufsatz geschrieben mit dem Titel „Holes and Wounded Souls" (Löcher und verwundete Seelen – siehe Anhang), der Ihnen helfen kann, dieses Problem zu verstehen. Ich möchte Ihnen wärmstens empfehlen, diesen Text zu lesen und über ihn nachzudenken, besonders dann, wenn Sie selbst ohne Vater aufgewachsen sind. Hat eine „Vaterwunde" beeinflusst, wie Sie als Vater sind? Wenn dem so ist, wie kam das?

⌕ Verändern Sie Ihr Vatersein

Wenn Sie Ihr Kind im Stich gelassen haben – ob nun körperlich, seelisch, geistlich oder in allen drei Bereichen –, dann kann es schwierig sein, herauszufinden, wie Sie die Dinge wieder geraderücken können. Letztlich ist es wahrscheinlich, dass Ihr Kind verletzt und/oder wütend ist. Zusätzlich kann es sein, dass es Ihrem Kind schwerfällt, Gefühle in Worte zu fassen. Deshalb müssen Sie als Vater aktiv werden und den ersten Schritt tun, um die Beziehung wiederherzustellen. Ich habe festgestellt, dass die Konzentration auf die drei Bereiche *Buße*, *Versöhnung* und

Wiederherstellung in diesen Situationen sehr hilfreich ist. Betrachten Sie den folgenden Vergleich, der diesen Punkt illustriert.

Nehmen wir an, Sie haben einen antiken Stuhl in Ihrer Wohnung, der in Ihrer Familie von Generation zu Generation weitervererbt wurde. Dieser Stuhl ist in der Tat so wunderbar, dass es niemandem gestattet ist, darauf zu sitzen. Man glaubt es kaum, aber Sie haben ein Schild neben ihm aufgestellt mit den Worten: „Nicht auf diesem Stuhl sitzen!" Stellen Sie sich vor, ich käme zu Ihnen nach Hause und würde absichtlich und tölpelhaft das Schild übergehen, mich auf den Stuhl setzen und ihn kaputtmachen. Sie wären ganz schön verärgert, oder etwa nicht? Wie wäre es nun, wenn ich mir die Teile zusammensuchen und versuchen würde, sie wieder zusammenzusetzen? Ich denke mal, dass Sie darüber derart aufgebracht wären, dass Sie mir sagen würden, ich solle mich von dem Stuhl fernhalten und nichts mehr anfassen. Warum? Weil ich versuchen würde, den Stuhl wieder zusammenzusetzen, ohne dass ich mich entschuldigt habe.

Wenn ich aber sofort vielmals um Entschuldigung bitten würde (also Buße täte) für mein achtloses Verhalten und wenn ich versprechen würde, in der Zukunft vorsichtiger zu sein, bestände die Möglichkeit, dass Sie sich innerlich beruhigen würden. Anders gesagt, meine Entschuldigung würde Ihre Haltung und Ihre Sicht der Situation ganz entscheidend verändern. Warum? Buße ist ein Zeichen für Reue. Wenn ich nun sagen würde, dass ich die Sache in Ordnung bringen wollte, indem ich dabei helfe, den Stuhl wiederherzustellen, ist es wahrscheinlich, dass Sie meine Hilfe eher annehmen würden.

Und darin liegt eine wichtige Lektion, die Väter oft vergessen. Weil Menschen lieber handeln und weil es wirkliche Demut braucht, um zu sagen, dass einem etwas leidtut, machen Väter zu oft den Fehler, sich versöhnen zu wollen, bevor sie Buße tun. Erinnern Sie sich daran, dass Sprüche 15,1 sagt, dass ein sanftes Wort den Zorn besänftigen kann. Eine Entschuldigung, die wirkliche Buße widerspiegelt, ist dieses sanfte Wort, das notwendig ist.

Nachdem ich nun Buße getan habe, können wir beginnen, den Stuhl wieder zusammenzusetzen. Das Wort *versöhnen* meint „ausgleichen oder beheben". Wenn Sie Ihr Kind im Stich gelassen haben, dann werden Sie versuchen müssen, Vergebung zu erlangen, damit Sie den Bruch in Ihrer Beziehung ausgleichen und beheben können. Verbindlichkeit ist der „Superkleber", der entscheidend ist, wenn es darum geht, dass Sie sich mit Ihrem Kind Herz an Herz neu verbinden. Seien Sie allerdings gefasst auf ein Karussell der Gefühle und Schwierigkeiten. Höchstwahrscheinlich wird das kein einfacher Prozess. Er wird Zeit benötigen, aber Buße und Versöhnung sind ganz wesentlich für das Wohl Ihres Kindes.

Nachdem nun die Teile wieder zusammengesetzt sind, sieht alles allmählich auch wieder wie ein Stuhl aus. Aber immer, wenn etwas zu Bruch geht, gibt es auch stets ein paar Stücke, die man nicht mehr findet oder die einfach nicht wieder zusammenpassen wollen, wie sie das ursprünglich taten. Dann braucht es zusätzlich Holzspachtel, um diese Lücken zu füllen. Man muss etwas schmirgeln, um die rauen Stellen zu glätten. Und man muss ein bisschen lackieren, damit alles möglichst wieder wie zuvor ist.

Der letzte Schritt ist das Wiederherstellen, das meint, etwas wieder einzurichten, sich wieder erholen zu lassen oder wieder zu verjüngen. Im Blick auf die Beziehung bedeutet das, Vertrauen wiederherzustellen, das, wenn es einmal zerbrochen ist, sich nur als tragfähig erweisen kann, wenn es auf die Probe gestellt wird und diese Probe besteht. Letztlich besteht der einzige Weg, um festzustellen, ob ein kaputter Stuhl wirklich wiederhergestellt ist, darin, sich auf ihn zu setzen.

Zum Schluss ist es entscheidend, dass man sich dessen bewusst ist, dass man auch mit der Ehefrau oder Mutter des Kindes den Prozess von Buße, Versöhnung und Wiederherstellung durchlaufen muss. Erinnern Sie sich daran, dass Abraham Ismael *und* Hagar im Stich gelassen hatte. Man kann mit ziemlicher Sicherheit annehmen, dass auch Hagar eine gehörige Portion Feindseligkeit gegenüber Abraham verspürte. Mütter sind sehr empfindsam für den Schmerz, der ihren Kindern widerfährt. Wenn Sie versuchen, die Beziehung zu einem Kind wieder aufzubauen, das sich wie Ismael im Stich gelassen fühlt, dann werden Sie dementsprechend auch die Beziehung mit der Mutter, die sich vielleicht wie Hagar fühlt, wieder aufbauen müssen.

Er versäumte es,
seine Kinder zu bestrafen

„Erzieh deine Kinder mit Strenge, dann kannst du Hoffnung für sie haben; lass sie nicht in ihr Verderben laufen!" Sprüche 19,18 (GNB)

Am 23. Juli 2011 wurde die 27-jährige Sängerin Amy Winehouse tot in ihrer Wohnung aufgefunden. Sie war dem berüchtigten „Klub 27" beigetreten – dem sprichwörtlich letzten Auftritt für Musiker, die in ihrem Alter starben. Zu diesem Klub gehörten auch Prominente wie Jimi Hendrix, Janis Joplin, Jim Morrison und Kurt Cobain. Obwohl der Polizeibericht anfänglich von einer ungeklärten Todesursache ausging und auf die ausstehende Autopsie verwies, zweifelten die meisten kaum daran, dass ihr Tod das Ergebnis jahrelangen Alkohol- und Drogenmissbrauchs war. In der Tat sprach 2008 Alex Haines, Winehouses persönlicher Assistent, öffentlich von seiner Sorge im Blick auf ihr Verhalten. Er sagte:

„Es war meine Aufgabe, mich um sie zu kümmern. Aber das war unmöglich. Ich dachte, dass sie dieses Jahr bei all den

Drogen und der Selbstgefährdung nicht überleben würde. Sie hat immer weiter Drogen genommen, bis sie ohnmächtig wurde. Ich schätze, dass sie 3500 Pfund pro Woche für sie ausgab."[35]

Paradoxerweise war einer der größten Erfolge Winehouses das bluesig klingende „Rehab", in dem sie erklärte: „Sie haben versucht, mich in die Entzugsklinik zu stecken, und ich sagte: Nein, nein, nein." Unglücklicherweise entsprach ihr Leben ihrer Kunst – bis zum bitteren Ende.

Angesichts meines Interesses am Vatersein fand ich eine Zeile in „Rehab" besonders beunruhigend. Winehouse singt dort leise: „Ich habe keine Zeit dafür, und wenn mein Vater glaubt, dass es mir gut geht..." Da Winehouse eine überaus produktive Songschreiberin war und viele ihrer Texte autobiografisch sind, fragte ich mich, ob ihr Vater wirklich glaubte, dass es ihr gut gehe.

Nun, es stellte sich heraus, dass er es tat ... zumindest anfänglich.

Im Jahr 2012 veröffentlichte Mitch Winehouse ein Buch mit dem Titel *Meine Tochter Amy*, das von den Ereignissen erzählt, die „Rehab" inspirierten.

Im Sommer 2004, als Amys Erfolg begann, fing sie an, übermäßig zu trinken. Sie betrank sich bei einer Gelegenheit derart, dass sie stürzte, sich am Kopf verletzte und ins Krankenhaus musste.

Nach ihrer Entlassung trafen sich einer ihrer engsten Freunde und ihr Manager mit ihr, um darüber zu sprechen, was sie als „Amys Alkoholproblem" bezeichneten.[36] Sie wollten, dass Amy unverzüglich einen Entzug antrat, aber ihr Vater hatte andere Vorstellungen. Er schrieb:

„Ich war dagegen, weil ich dachte, sie habe ebendieses eine Mal einen zu viel erwischt und wir sollten nicht überreagieren. Ich sagte jedem: ,Ich denke, es geht ihr gut', was später zu einer Zeile in ,Rehab' wurde."[37]

Nach einigen weiteren Gesprächen war Mitch davon überzeugt, das Vorhaben zu unterstützen, Amy zu einem Entzug zu bewegen. Allerdings, statt seine Tochter selbst in diese Einrichtung zu bringen, überließ er diese Aufgabe ihrem Manager. Dass Amy dort nicht lange blieb und nach nur wenigen Stunden in ihre Wohnung zurückkehrte, überraschte kaum jemanden. Trotz der Bemühungen ihres Managers, sie zu überzeugen, wieder in die Klinik zurückzukehren, lehnte sie das ab. Offenbar war man in der Klinik davon überzeugt, dass ihr Zustand einen mindestens zweimonatigen Aufenthalt nötig mache. Amy jedoch behauptete: „Ich habe keine Zeit dafür…"[38] und sie werde die Lage auf ihre eigene Weise meistern. Natürlich bestärkte ihr Vater sie darin. Er schrieb: „Anfangs war ich einverstanden, weil ich von der Sache sowieso nicht restlos überzeugt war."[39]

Im Laufe der Jahre und als ihr Ruhm zunahm, wurde ihrem Vater klar, dass Amy ganz dringend Hilfe brauchte. In der Tat beschloss ihr Vater 2008, seiner Tochter dabei zu helfen, ihr Problem zu überwinden, das mittlerweile nicht mehr nur ein Alkoholproblem war, sondern zusätzlich eine Heroin- und Crack-Abhängigkeit. Ihr Vater versuchte verzweifelt, seine Tochter zum Entzug oder dessen Fortsetzung zu bewegen oder sich von Drogen fernzuhalten. Aber sie sagte zu oft: „Nein, nein, nein …" Sie wollte nicht auf seinen Rat oder seine Warnungen hören. Obschon sie schließlich einen gewissen Erfolg dabei hatte, von den Drogen loszukommen, kämpfte sie weiterhin mit dem Alkohol für den Rest ihres kurzen Lebens.

Ein eigenwilliges Kind und ein zu nachsichtiger Vater

Wenn man Mitch Winehouses Geschichte liest, wird sehr deutlich, dass er seine Tochter innig liebte und dass sie ihn ebenfalls liebte. Sie hatte sogar ein großes „Daddy's Girl"-Tattoo (Papas Mädchen) auf ihrem linken Arm. Als Vater zweier Söhne, die heute etwa in genau dem Alter sind, als sich Amy Winehouse ihr Leben nahm, sind meine Gedanken und Gefühle Mitch Winehouse herzlich zugewandt. Allerdings ist es auch für jeden sehr offensichtlich, dass er unfähig war, seiner Tochter dabei zu helfen, Disziplin in ihrem Leben aufzubauen, um den zerstörerischen Versuchungen zu widerstehen, die sie letztlich getötet haben. Denn niemand auf der ganzen Welt liebt ein Kind so sehr wie die eigenen Eltern, warum also drängte er seine Tochter nicht beim ersten Anzeichen von Schwierigkeiten so vehement, wie es ihr Manager tat, dazu, einen Entzug zu beginnen? Warum war er nicht beharrlicher um das Wohl seiner Tochter besorgt? Warum lenkte er ein und erlaubte Amy, ihren eigenen Weg einzuschlagen?

Während ich sein Buch las, berührte es mich, dass Mitch Winehouses Verhalten in Amys früher Kindheit eingesät gewesen sein könnte.

Da seine Erzählung Amys Temperament und ihren Charakter offenbart, ist es klar, dass seine Tochter ein klassisch eigenwilliges Kind war. Er zeichnet das Bild eines jungen Mädchens, das fest entschlossen war, *immer* ihrem eigenen Weg zu folgen. Und es scheint so, dass ihr das schon in jungen Jahren an entscheidenden Stellen gelungen ist. Beispielsweise wollte Amy, als sie gerade zwölf Jahre alt war, vollzeitlich eine Schauspielschule besuchen, aber ihre Eltern waren dagegen. Also bewarb sie sich an einer, ohne ihnen das mitzuteilen. Es überraschte mich, als ich las, dass ihre Eltern ihr, als sie aufgenommen wurde, den Besuch erlaubten. Zweifellos sendet ein Elternteil, das einem Kind erlaubt, seinen Kopf durchzusetzen und in dieser Weise ungehorsam und unehrlich zu sein, unabhängig davon, wie begabt das Kind ist, die falsche Botschaft; besonders dann, wenn es sich um ein willensstarkes Kind handelt.

Leider bildete sich später in Amys Leben dasselbe Verhaltensmuster heraus – mit fatalen Folgen. Im Jahr 2005 lernte sie einen jungen Mann namens Blake Fielder-Civil kennen und verliebte sich Hals über Kopf in ihn. Es gab allerdings ein großes Problem. Blake war heroin- und kokainsüchtig. Aufgrund von Amys Alkoholproblem war ihr Vater besorgt, dass Blakes Umgang mit Drogen seine Tochter anstecken würde. Wie zu erwarten, kam es dazu. Er war außerdem besorgt, dass Amy Blake heiraten würde, ohne ihn zu kennen, und er nahm ihr das Versprechen ab, dass sie ihn im Voraus über alle Heiratspläne informieren würde. Dennoch heiratete sie Blake auf einer Reise nach Miami, ohne ihrem Vater oder ihrer Mutter davon zu erzählen. Sie machte das „auf ihre Weise". Leider war eines von Blakes vorrangigen Zielen als ihr Ehemann, Amys Drogenkonsum zu fördern, und nach Mitch Winehouses Angaben versorgte Blake Amy sogar mit Drogen, als sie in der Entzugsklinik war.

Letztendlich beschreibt Mitch Winehouse seine Tochter als „schelmisch, frech und übermütig"[40] und erzählt Geschichten darüber, dass Amy als junges Mädchen Risiken einging und ihm und anderen zeitweilig nicht gehorchte, selbst dann nicht, wenn es zu ihrem eigenen Besten war. In jeder Schule, die sie besuchte, „störte [sie] einfach nur und suchte ständig Aufmerksamkeit"[41] und er und Amys Mutter bekamen ständig blaue Briefe wegen Amys Benehmen. Kurz gesagt, sie erhielt ständig Einträge wegen disziplinarischer Probleme, die sie sicherlich später in ihrem Leben beeinflusst haben.

Warum? – Weil Amy Winehouse sich einen Beruf ausgesucht hatte, der ein ganz enormes Maß an persönlicher Disziplin, Impuls- und Selbstkontrolle verlangt, die ihrer persönlichen Geschichte zufolge Dinge waren, mit denen sie ihr ganzes Leben lang zu kämpfen hatte. Die Unterhaltungsbranche kann ein gefährliches Umfeld sein, und die Leute in diesem Geschäft warnen einen nicht dauernd vor den Fallstricken, die es gibt. Vielmehr macht es ihnen Spaß, deine Beerdigung als Anlass für eine weitere Party zu benutzen. Zusätzlich gilt, wie es Größen wie Elvis Presley und Michael Jackson belegen, dass man tot eventuell mehr wert ist als lebend.

Amy Winehouse wollte sehr berühmt sein. Das machte sie durch ihre heimliche Bewerbung an der Sylvia Young Theatre School deutlich. Aber Ruhm kann wie ein Gift wirken, und die Geschichte ist voller trauriger Berichte über Leute aus der Unterhaltungsbranche, die einen Schluck Ruhm zu viel nahmen und vom geraden Weg abkamen.

Mitch Winehouse gibt in seinem Buch mehrere wichtige Hinweise, die verdeutlichen, warum er damit kämpfte, seiner Tochter Grenzen aufzuzeigen, als sie jung war. Zunächst verließ er, als Amy etwa zehn Jahre alt war, ihre Mutter, obwohl er sie als eine gute Frau und Mutter beschreibt, für eine andere Frau. Nun führt dies ein Kind natürlich nicht direkt auf einen abschüssigen Weg hin zur Drogen- und Alkoholsucht. Aber es kann einen Vater auf einen abschüssigen wie problematischen Weg führen, wenn es darum geht, seine Kinder zeitnah und in angemessener Weise zu bestrafen. Und es sieht so aus, dass wohl genau das Mitch Winehouse passiert ist. Wie er selbst zugibt, begann er aufgrund seiner Schuld, dass er Amys Mutter verlassen hatte, seine Kinder viel zu nachsichtig zu behandeln. Er schreibt über Amy: „Sie war wild, aber ich war nachgiebig ihr gegenüber; ich konnte nicht anders. Ich weiß, dass ich meine Kinder für die Scheidung übermäßig entschädigen wollte."[42]

Er teilt auch mit, dass er als Folge seiner Schuldgefühle grundlos Geschenke kaufte, seine Kinder an teure Orte mitnahm und ihnen Geld gab.

In den Jahren meines Dienstes in der Männer- und Väterarbeit habe ich Ähnliches beobachtet, besonders dann, wenn ein Vater das Auseinanderbrechen seiner Familie verursacht hatte. Ein Vater kann in die Falle tappen, dass er versucht, seine Gegenwart durch einen Gegenwert zu ersetzen – und er wird ein „Freizeitpark"- oder „Zoo"-Papa, der im wichtigen Bereich der Strenge und Konsequenz vom Weg abgekommen ist, weil er sich verzweifelt darum bemüht, dass seine Kinder ihn lieben und ihm vergeben. Interessanterweise können die moralischen Fehler eines Vaters und der Mangel an persönlicher Disziplin ihn glauben lassen, dass er seine moralische Position gegenüber seinen Kindern eingebüßt hat und damit auch die Autorität, ihnen mit Strenge zu begegnen.

Darüber hinaus spricht es für sich, dass Mitch Winehouse selbst sagt, dass er seinen Kindern gegenüber im Grunde viel zu nachsichtig war. Übermäßige Nachsicht meint hier, dass er an einer Stelle ohne Maß nachsichtig war, besonders, wenn es um übertriebenes Trinken oder Saufgelage ging.

Wer jemandem gegenüber übermäßig nachsichtig ist, der beugt sich über Gebühr dessen Wünschen. Anders gesagt, ein Vater, der seinen Kindern gegenüber zu nachsichtig ist, begegnet ihnen nicht mit Strenge und Konsequenz, sondern tut das Gegenteil und formt sie in eine falsche Richtung. Deshalb überrascht es nicht, dass Kinder, besonders die eigenwilligen, es schwer haben, Versuchungen zu widerstehen und Selbstkontrolle an den Tag zu legen, selbst wenn das zu ihrem eigenen Besten wäre.

Zweitens wurde Mitch Winehouses Vatersein zusätzlich kompliziert durch die Tatsache, dass er in das schon früh auffallende Talent seiner Tochter verliebt war. Schon als sie ein kleines Mädchen war, ließ er sie vor sich und ihrer Mutter auftreten. Er lenkte sie dahin, in der Unterhaltungsbranche zu arbeiten, was auch ein Traum war, den er für sich selbst hatte. Bemerkenswert ist daher, dass er nach dem Tod seiner Tochter sein erstes Album aufnahm, das den Titel *Rush of Love* (Hektik der Liebe) trägt. Auf seiner Internetseite sagt er dazu: „Nun ja, ich wäre ohne Amy nicht dazu in dieser Position …, aber warum sollte ich nun, da sich die Gelegenheit ergeben hat, diese nicht nutzen? Wer würde nicht gern ein Album aufnehmen?"[43]

Er und Amy teilten eine ganz besondere Verbindung durch die Musik, die auch noch weiter bestand, nachdem er die Wohnung der Familie verlassen hatte. In der Tat war ihre „Liebessprache" schwärmerisch. Zudem half er dabei, den musikalischen Geschmack und den besonderen Klang der Stimme seiner Tochter zu formen, der sich an Jazzgrößen wie Ella Fitzgerald, Sarah Vaughan und Billie Holliday orientierte, was ihr (und ihm) Ruhm und Reichtum einbringen sollte.

Natürlich ist daran an sich nichts falsch, wenn ein Vater das Talent seines Kindes fördert und dabei hilft, es zu entfalten. Aber es gibt eine Gefahr, auf die ein Vater achten muss. Er kann so sehr mit dem Erfolg seines Kindes befasst sein, dass er die Fähigkeit einbüßt, ihm entgegenzutreten. Wissen Sie, das ist besonders dann der Fall, wenn ein Vater dazu neigt, zu nachgiebig zu sein, wenn der Erfolg seines Kindes seine eigene Identität bestimmt und wenn der Ruhm seines Kindes sein Ruhm wird. Dann ist es für ihn leichter, zu sagen: „Es geht ihr gut", selbst wenn es ihr nicht gut geht.

Korrektur ist Liebe

Die Geschichte von Mitch und Amy Winehouse erinnert auf schmerzliche Weise daran, dass eine der wichtigsten Aufgaben, die Gott Vätern gibt, darin besteht, ihre Kinder zu korrigieren. In der Tat muss man in der Bibel nicht lange nach Versen suchen, die diesen Punkt widerspiegeln. Beispielsweise warnt uns Sprüche 23,13 davor, unseren Kindern Strafe vorzuenthalten. Sprüche 13,24 geht sogar noch weiter, denn dort heißt es, dass wir sorgsam darauf achten sollen, unsere Kinder beizeiten zu bestrafen, wenn wir sie lieben. Und ich bin sicher, Sie wissen, dass wir unsere Kinder liebevoll und mit Respekt bestrafen sollen. Aber dieser Vers in den Sprüchen ist viel extremer in seiner Aussage, indem er behauptet, dass Strafe Liebe ist und dass wir unsere Kinder hassen, wenn wir sie nicht bestrafen. Wirklich deutliche Worte!

Diese Auffassung von Strafe als Liebe wurde für mich sinnvoller, als vor vielen Jahren mein älterer Sohn dabei war, die Unterstufe abzuschließen. Im Rahmen der Feier in unserer Gemeinde wurde jeder Vater gebeten, ein paar Worte über sein Kind zu sagen, etwas, von dem man den Eindruck habe, dass Gott einem das im Blick auf den Übergang des Kindes in die Highschool gezeigt habe.

Das war eine interessante Aufgabe für mich, weil mein Sohn in großen Schritten die Pubertät durchmachte. Er wurde zum Mann, und mir wurde zunehmend klar, dass sich der Tag schnell näherte, an dem er unser Heim verlassen würde. Als ich darüber nachdachte, wie schnell dieser Tag kommen würde, fiel mir Psalm 127,3–5 ein, wo es heißt:

„Auch Kinder sind ein Geschenk des Herrn; wer sie bekommt, wird damit reich belohnt. Die Söhne eines jungen Mannes sind wie Pfeile in der Hand eines Kriegers. Wer viele solcher Pfeile in seinem Köcher hat, der ist glücklich zu nennen! Seine Söhne werden ihm Recht verschaffen, wenn seine Feinde ihn vor Gericht anklagen." Psalm 127,3–5

Wenn ich Väter diese Verse erwähnen hörte, war das meist bei der Feier, dass sie einen „vollen Köcher" hatten oder dabei waren, den Köcher zu füllen. Aber mir rief Gott diese Verse aus einem ganz besonderen Grund bei dieser Gelegenheit ins Gedächtnis. Er wollte meine Aufmerksamkeit auf die Pfeile (die Kinder) und die Rolle des Helden (des Vaters) lenken.

Anfänglich fand ich es etwas eigenartig, dass der Psalmist sich entschieden hatte, auf die Kinder als Pfeile zu verweisen, besonders deshalb, weil Pfeile oft als Waffe benutzt werden, um tödliche Verletzungen zuzufügen. Aber als ich mehr darüber nachdachte, verstand ich, dass dies ein wirklich angemessener Vergleich war. Ja, Pfeile haben eine scharfe und gefährliche Spitze. Allerdings liegt die wirkliche Gefahr des Pfeils in den scheinbar harmlosen Federn an seinem Ende, weil sie verantwortlich sind für Flugweite, Richtung und Flugverhalten.

Solange Kinder in der Obhut ihres Vaters sind, hat Gott ihn beauftragt, wie ein fähiger Soldat die „Federn" des Charakters seiner Kinder sorgsam zurechtzuschneiden und zu positionieren, damit sie, wenn sie in die Welt entlassen werden, ihr von Gott bestimmtes „Ziel" nicht verfehlen und sich und andere schwer verletzen. Darum geht es bei der Strafe. Es ist ein heikler und zuweilen unangenehmer Vorgang, aber er ist unbedingt nötig. Letztlich ist die eine Sache, die gefährlicher ist als ein unaufmerksamer Krieger, ein „unausgerichteter" Pfeil. Leider muss man nur die Nachrichten verfolgen, und man hört zahllose Geschichten über Kinder, die an sich selbst und anderen enormen körperlichen, seelischen und geistlichen Schaden angerichtet haben, weil sich niemand die Zeit genommen hat, ihre Federn „zurechtzustutzen". In der Tat handelt eine der traurigsten Vatergeschichten in der Bibel von einem Vater, dessen Söhne auf schmerzliche Weise ihr Ziel verfehlten, weil er es ablehnte, sie zu korrigieren. Es ist die Geschichte über Eli.

Disziplin ist das Ziel

Eli war für Gott ein besonderer Mann, und zwar in solchem Maße, dass er nicht nur Hohepriester war, sondern auch vierzig Jahre lang Richter im Volk Israel. Es gibt keine Aufzeichnung über irgendjemanden anderen, der beide Rollen gleichzeitig innehatte. Deshalb stattete Gott Eli nicht nur mit moralischer Autorität über das Volk Israel aus, sondern auch mit ziviler Autorität. Zudem war Elis Abstammungslinie eine besondere, denn er war ein Nachfahre des Priesters Itamar, der Aarons jüngster Sohn war.

Angesichts seiner Rolle und Position war sich Eli sicherlich durchaus der Bedeutung der Disziplin bewusst, besonders im Blick auf die eigenen Kinder, und der Bedeutung des

Respektes gegenüber den Tempelgerätschaften. Zweifellos kannte er sowohl die Zehn Gebote als auch 5. Mose 6,7 gut, die Eltern anweisen, diese Verse ihren Kindern einzuprägen.

Entgegen allem, was er wusste, entgegen der moralischen und bürgerlichen Autorität, die Gott ihm verliehen hatte, versäumte es Eli, seine Autorität im vorrangigen Bereich auszuüben, den Gott jedem Vater gibt: in seinem eigenen Heim. Und als Folge zog er zwei Söhne groß, Hofni und Pinhas, die wie ihr Vater Priester wurden. Allerdings wuchsen beide zu Männern heran, die die Bibel als „ruchlos" bezeichnet (1. Samuel 2,12). Sie blamierten und entehrten Eli. Bedeutsamer jedoch ist, dass sie Gottes Maßstäben ungehorsam waren und dass ihr Tun zu Gottes Einschreiten führte. In der Tat nahm Gott allen dreien – Eli, Hofni und Pinhas – das Leben am selben Tag und entfernte Elis Familie aus der Priesterschaft.

Die Bibel sagt nichts über Elis Söhne als kleine Jungen. Ich bezweifele nicht, dass Eli seine Söhne liebte und dass er sich wünschte, dass sie zu frommen Männern heranwachsen sollten. Aber die Disziplin und nicht der Wunsch entscheidet über das Geschick eines Kindes. Leider versäumte es Eli, die Federn des Charakters seiner Söhne zurechtzuschneiden, und sein Versagen führte zu ihrem Untergang. Obwohl er versuchte, sie zurechtzuweisen, als er alt geworden war (1. Samuel 2,22–25), war bis zu jenem Zeitpunkt der Schaden bereits angerichtet. Und offenbar machte Gott Eli dafür verantwortlich, als er ihn fragte: „Warum tretet ihr denn mit Füßen meine Schlachtopfer und Speisopfer, die ich für meine Wohnung geboten habe? Und du ehrst deine Söhne mehr als mich ..." (V. 29).

Man könnte leicht die Situation Elis betrachten und sie einfach als eine weitere biblische Geschichte abtun, aber ich glaube, dass Elis Herausforderung und seine Entscheidungen als Vater dieselben sind, denen sich auch heute alle Väter ausgesetzt sehen. Aus bestimmten Gründen war Eli, obwohl er ein Vater war, der Gott offenbar liebte, unfähig, Söhne mit frommem Charakter zu erziehen. Vielleicht veranlasste ihn die Ausübung zweier beanspruchender Rollen als Hohepriester und als Richter, während kritischer Phasen im Leben seiner Söhne nicht zu Hause zu sein, ähnlich wie heutige Väter vor der Herausforderung stehen, Arbeit und Familie gerecht zu werden. Vielleicht war er zu nachsichtig mit ihnen, um sie für seine Abwesenheit zu entschädigen. Es könnte auch der Fall gewesen sein, dass er, wie viele Väter heute, seine ihm von Gott zugewiesene Rolle, seine Söhne zu korrigieren, an andere übertragen hatte – an ihre Mutter oder an andere religiöse Leiter. Das werden wir wohl nie wirklich erfahren.

Aber ich bin davon überzeugt, dass es eine andere Dynamik gab, die hier ebenfalls eine Rolle spielte. Eli war ein Nachkomme einer von Gott bestimmten priesterlichen Linie, und zweifellos wollte er dafür sorgen, dass seine Söhne diese hoch angesehene Ehre ebenfalls innehaben sollten. In gewisser Weise war das Priesteramt ein gottgegebenes „Talent", das seine Söhne besaßen, ähnlich wie Amy Winehouse ihre einzigartige Stimme. Doch für eine lange und erfolgreiche „Karriere" als Priester muss man mehr als Talent besitzen, besonders dann, wenn Gott das Publikum ist. Man braucht einen frommen Charakter und Disziplin. Obwohl die Bibel in diesem Bereich keine bestimmten Einzelheiten nennt, hatte Eli seine Söhne sicherlich darin trainiert, wie sie sich in der Rolle als Priester zu verhalten hatten und wie sie angemessen mit den Opfern umzugehen hatten. Da Probleme im Bereich des Charakters und der Selbstbeherrschung bei Erwachsenen oft schon im Kindesalter offensichtlich sind, wird Eli wohl zudem deutliche Anzeichen und Warnsignale gesehen haben, dass seine Söhne nicht hätten Priester werden sollen. Vielleicht hatte er beobachtet, dass seine Söhne eine zu sorglose Haltung im Blick auf Gottes Angelegenheiten hatten. Aber ihre Zukunft war mit seiner verknüpft.

Zudem liegt es nahe, dass, schon bald nachdem Eli seine heiligen Geschäfte seinen Söhnen übergeben hatte, andere erkannten, dass seine Söhne ihrer Verantwortung nicht angemessen nachkamen. Schließlich sollten diese Opfer Sühne für die Sünden des Volkes sein, sodass die ganze Gemeinschaft ein berechtigtes Interesse daran hatte sicherzustellen, dass sie ordentlich durchgeführt wurden. Vielleicht traten, wie im Falle von Amy Winehouse, einige der Bediensteten am Tempel an Eli heran, um mit ihm darüber zu sprechen, dass seine Söhne ein „Opfer-Problem" hatten. Sie wollten, dass seine Söhne einen Entzug beginnen, um von ihrer unmoralischen Praxis loszukommen, aber Hofni und Pinhas sagten: „Nein, nein, nein…" Vielleicht sagte auch Eli, zumindest anfänglich: „Es ist alles in Ordnung mit ihnen." Letztlich ist es schwierig einzuschreiten, wenn dein Erbe und deine Identität an den Erfolg deiner Kinder geknüpft sind.

Interessanterweise gab es, ganz ähnlich wie bei Amy Winehouse, einen sprichwörtlichen „Klub 27" für Priester, die versäumten, Gottes Anweisungen zu folgen, von dem Eli und seine Söhne höchstwahrscheinlich gewusst haben. In 3. Mose 10,1–3 wird die Geschichte Nadabs und Abihus berichtet, der beiden Söhne Aarons, die unverzüglich von einem Feuer verzehrt wurden, nachdem sie „fremdes Feuer" vor dem Herrn geopfert hatten. Nachdem das geschehen war, war Mose überdeutlich Aaron und dessen verbleibenden Söhnen Eleaser und Itamar gegenüber, dass ein Priester, der Gottes Heiligkeit missachtete und nicht sein Gebot befolgte, mit dem Tod bestraft werden würde. Die Quintessenz ist, dass Gott Disziplin sehr ernst nimmt und wir das als Väter ebenso tun sollen.

Jeder Vater hat täglich zwischen Mut und Bequemlichkeit zu wählen, wenn es darum geht, seine Kinder zu korrigieren. Das Problem besteht darin, dass es nie mutig ist, es sich bequem zu machen, und dass es nie bequem ist, mutig zu sein. Aus diesem Grund werden auch keine Relaxsessel hinter den feindlichen Linien abgeworfen, bevor dort Fallschirmspringer abspringen.

Eli hat für sich, zumindest anfänglich, offenbar den Komfort gewählt. Und vielleicht war das ein Muster, dem er im Blick auf seine Söhne über viele Jahre folgte. Nach einem langen Arbeitstag, an dem er sich mit den moralischen und rechtlichen Fragen des Volkes Israel auseinandergesetzt hatte, hatte er vielleicht nicht mehr viel Energie oder Interesse daran, sich mit den Charakterfehlern seiner Söhne zu befassen. (Klingt das bekannt für Sie?)

Aber die Umstände wurden nicht einfacher für Eli, denn wenn man sich nicht um die Disziplin der Kinder in deren

Jugend kümmert, ist es schwieriger, ihre Aufmerksamkeit später in ihrem Leben zu erlangen. Sprüche 22,6 ist in gleichem Maße Prinzip und Verheißung, wenn es heißt, dass man Kinder an den Weg gewöhnen soll, den sie gehen sollen, damit sie nicht von ihm abweichen, wenn sie alt sind. Wenn also ein Vater durch sein Tun oder Unterlassen seine Kinder dahin gehend formt, undiszipliniert und unlenkbar zu sein, ist es wahrscheinlich, dass sie von diesem Verhalten auch nicht ablassen, wenn sie älter sind.

Jedenfalls vermute ich, dass Eli dies sehr wohl wusste. Als alter Mann war er im Blick auf seine körperlichen Bedürfnisse völlig abhängig von seinen schurkischen Söhnen. Also beteiligte er sich an ihrer Sünde, indem er Fleisch aß, das nicht nach Gottes Weisungen geopfert worden war. Es hätte für ihn beträchtlichen Mutes bedurft, sich wirklich gegen seine Söhne zu wenden, weil sie seine Versorgung hätten einstellen können. Letztlich waren sie seine „soziale Absicherung" und er kannte ihren Charakter besser als jeder andere. Doch er wusste auch um Gottes Charakter und darum, dass das Verhalten seiner Söhne zu Gottes Gericht führen würde, genau wie Mitch Winehouse wusste, dass der Drogen- und Alkoholkonsum schlimme Folgen haben würde und seine Tochter das Leben kosten konnte, wenn sie nicht damit aufhören würde.

Paradoxerweise wäre Eli, wenn er sich entschlossen hätte, mutig seine Söhne zu bestrafen, solange sie jung waren, in der Lage gewesen, komfortabel vom frommen Charakter seiner Söhne zu zehren, als er alt geworden war. Doch stattdessen verfehlte Eli das Ziel der Disziplin aufgrund seines

Fehlers, und als Folge davon verfehlte er den Segen, den Söhne darstellen, die ein frommes Erbe weiterführen.

🔍 Zum Nachdenken

Das Wort *Disziplin* stammt vom lateinischen *disciplina*, das Lehren und Lernen meint. Der *discipulus* ist der Schüler. Jesu Jünger werden im Englischen *disciples* genannt, weil sie seine Schüler waren und er sie lehrte, wie sie einander behandeln sollten, und den Weg formte, den sie in ihrem Leben verfolgen sollten. In gleicher Weise muss ein guter Vater für seine Kinder wie Jesus sein. Durch seine beständige und liebevolle Unterweisung muss er aus seinen Kindern Schüler machen. Er sollte ein lebendiges Beispiel der Worte des Apostels Paulus sein:

„Folgt meinem Beispiel, so wie ich dem Vorbild folge, das Christus uns gegeben hat." 1. Korinther 11,1

Machen Sie Ihre Kinder zu Lernenden durch die Art, wie Sie sie zurechtweisen? Oder verfehlen Sie das Ziel und brauchen Sie Führung? Wenn dem so ist, schauen Sie sich bitte diese Verse einmal an:

„Wenn du Ermahnungen annimmst, bist du auf dem richtigen Weg; wenn du dich gegen sie sträubst, läufst du in die Irre." Sprüche 10,17

„Erzieh deine Kinder mit Strenge, dann kannst du Hoffnung für sie haben; lass sie nicht in ihr Verderben laufen!" Sprüche 19,18 (GNB)

„Natürlich freut sich niemand darüber, wenn er gestraft wird; denn Strafe tut weh. Aber später zeigt sich, wozu das alles gut war. Wer nämlich auf diese Weise Ausdauer gelernt hat, der tut, was Gott gefällt, und ist von seinem Frieden erfüllt." Hebräer 12,11

♀ Verändern Sie Ihr Vatersein

Epheser 6,4 warnt Väter, ihre Kinder zum Zorn zu reizen. Stattdessen heißt es: „Erzieht sie mit Wort und Tat so, wie es dem Herrn gemäß ist" (GNB). Wenn Sie diese Warnung in Verbindung mit dem Hinweis auf Kinder als Pfeile in Psalm 127 bedenken, dann ist das wirklich sinnvoll. Wissen Sie, wenn wir unsere Kinder verärgern, dann ist das so, als ob wir die Spitze eines Pfeils flach schmirgeln, es erzeugt Hitze und Reibung und letztlich macht es den Pfeil nutzlos. Oder es ist wie das Knicken des Pfeilschaftes, sodass er nicht mehr gerade fliegt. Weil Gott Kinder so angelegt hat, dass sie den Köcher eines Vaters verlassen und losfliegen zu ihrem von Gott zugedachten Zweck und Ziel, reagieren sie auf eine von zwei Weisen, wenn sie von ihrem Vater zum Zorn gereizt werden. Entweder werden sie sich von ihrem Vater zurückziehen oder sie werden gegen ihn rebellieren. In der Tat könnte es so gewesen sein, dass Eli seine Söhne so verärgert hatte, als sie jung waren, dass sie ihn einfach immer stärker ignorierten und gegen seine Anweisungen rebellierten, selbst als das gegen ihr eigenes Wohl gerichtet war. So wie eine Formulierung von Josh McDowells es ausdrückt: „Regeln ohne Beziehung führen zur Rebellion."[44] Gibt es Dinge, die Sie im Blick auf die Disziplin verändern müssen? Reizen Sie Ihre Kinder zum Zorn, indem Sie zu hart oder in Ihrem Korrigieren uneinheitlich sind? Welche drei Veränderungen müssen Sie vornehmen, damit Sie Ihre Kinder nicht veranlassen, das Ziel zu verfehlen?

7.

Er versäumte es, die Talente seines Kindes zu zähmen

**„Erziehe dein Kind schon in jungen Jahren –
es wird die Erziehung nicht vergessen, auch wenn
es älter wird."** Sprüche 22,6

Als Kind liebte ich es, Comichefte zu lesen. Ich konnte Stunden in meinem Zimmer mit ihnen verbringen. Eine meiner Lieblingsserien waren die X-Men. Comicautor Stan Lee und der Zeichner Jack Kirby schufen diese Charaktere in den frühen 1960er-Jahren und sie sind bis heute unter Kindern sehr beliebt. Schließlich sind die X-Men eine Truppe einzigartiger Mutanten, die mit einem besonderen X-Gen geboren wurden, das ihnen übermenschliche Kräfte und Fähigkeiten verleiht. Üblicherweise entdeckten diese Mutanten ihre Kräfte früh in ihrem Leben, meist als Kinder.

Aber es gab ein großes Problem. Die Talente der Mutanten konnten entweder zum Wohl der Allgemeinheit eingesetzt werden oder dazu, die Menschheit zu zerstören. Selbst die Kraft eines Mutanten konnte eine Gefahr darstellen. Die Glücklichen von ihnen fanden einen Weg zu Professor Xavier, der sie in seine Fürsorge nahm. Er leitete sie in der „Xavier-Schule für junge Begabte" an, mit ihren außergewöhnlichen Fähigkeiten umzugehen, wie sie ihre beachtlichen Kräfte kontrollieren und gekonnt einsetzen konnten. Allerdings konnte Professor Xavier nicht alle Mutanten retten, so fielen einige in die Klauen von Magneto, Professor Xaviers langjährigem Erzfeind, der die „Bruderschaft der Mutanten" gründete. Magneto wollte die Welt unter seine Kontrolle bringen und versuchte daher, so viele Mutanten wie möglich auf die dunkle Seite zu ziehen.

Der heroische Kampf zwischen Professor Xavier und Magneto ist ein interessantes Bild für die Herausforderungen, denen sich Väter ausgesetzt sehen, wenn sie ihre Kinder erziehen. In der Serie benimmt sich Professor Xavier stets wie eine gute „Vaterfigur" für die Mutanten, die in seiner Obhut sind. Er riskiert alles, einschließlich seines eigenen Lebens, um sicherzustellen, dass die Mutanten ihre Talente zum Guten einsetzen. Auf der anderen Seite repräsentiert Magneto jene Art von Versucher, von dem jeder Vater hofft, dass er niemals Macht über seine Kinder gewinnt; die Art von Mensch, die versucht, deine Kinder dazu zu verführen, dass sie ihre von Gott geschenkten Talente dazu einsetzen, um selbstsüchtig von ihnen zu profitieren oder – schlimmer noch – andere durch sie zu verletzen.

Schauen wir uns einmal einige der Mutanten-Figuren dieser Serie an: Da ist beispielsweise „Rogue" (Schurke), eine beunruhigende und rebellische jugendliche Ausreißerin; sie besitzt das einzigartige Talent, die Erinnerungen, Fähigkeiten und Kräfte anderer durch bloße Berührung zu absorbieren. Je länger sie den Kontakt mit jemandem aufrechterhalten kann, umso mehr absorbiert sie. Berührt sie darüber hinaus jemanden zu lange, dann absorbiert sie diese Fähigkeiten auf Dauer. Offenbar ist Rogues Talent eine zweischneidige Angelegenheit, die – wenn sie nicht gezähmt wird – anderen schwere Verletzungen zufügen kann. Deshalb ist es nicht überraschend, dass sie sich über weite Strecken ihres Lebens als Ausgestoßene fühlte. Glücklicherweise war Professor Xavier in der Lage, Rogue in seine Schule aufzunehmen, und so half er ihr dabei, ihr Talent in den Griff zu bekommen, sodass sie es zum Guten nutzen konnte.

Begabt, aber belastet

Einmal hatte ich eine gute Unterhaltung mit einem Vater, der erzählte, dass sein junger Sohn außergewöhnlich begabt und mit einigen eindrucksvollen Fähigkeiten gesegnet sei. Als hervorragender Schüler und großartiger Sportler schien ihm alles leichtzufallen, selbst neue Freundschaften zu schließen. Darüber hinaus war er schlagfertig und sehr kommunikativ. Er war die Art von Kind, die einem Eskimo sogar noch Eiswürfel verkaufen könnte.

Allerdings gab es eine Sache, die diesem Vater großes Kopfzerbrechen bereitete. Sein Sohn war manipulativ und extrem respektlos ihm und seiner Frau gegenüber, sprach mit ihnen oft unhöflich und beschimpfte sie regelmäßig. Zudem behandelte er seine jüngeren Geschwister körperlich und verbal hart, besonders dann, wenn er seine Freunde beeindrucken wollte. Um die Sache noch zu verschlimmern, begann nun der Jüngste der Familie, einige der beunruhigenden Aspekte des Verhaltens seines älteren Bruders nachzuahmen. Schließlich gab der Vater mir gegenüber zu, dass er früher nicht die richtigen Schritte unternommen habe, um „das Problem im Keim zu ersticken", und dass er und seine Ehefrau mit ihrem Erstgeborenen zu nachsichtig gewesen waren und ihn zu sehr verwöhnt hatten. Nun steckte leider die ganze Familie in einem Chaos.

Während ich mir die Ausführungen des Vaters anhörte, war ich, wie das für Männer typisch ist, vorschnell darauf bedacht, eine Lösung für sein Problem zu finden. Ich dachte, er müsste einfach nur ein Machtwort sprechen und unverzüglich damit beginnen, Grenzen und Maßstäbe zusammen mit seinem Erstgeborenen aufzustellen. Es wäre sehr wichtig, das umzusetzen, denn sein Sohn würde schon bald ein Teenager sein. – All das waren ungefähr meine Worte.

Er stimmte meiner Einschätzung von ganzem Herzen zu. Doch als wir anfingen, die Einzelheiten durchzusprechen, die er in puncto Veränderung anzugehen hatte, merkte ich, dass er zögerte, energische Schritte zu gehen. Das war der Moment, in dem ich merkte, dass die Lage doch ein wenig komplizierter war als angenommen. Obwohl er enttäuscht und besorgt war wegen des beunruhigenden Verhaltens seines Sohnes, wurde deutlich, dass er sich in einem Zwiespalt befand. Trotz – oder vielleicht gerade aufgrund – des schlechten Benehmens seines Sohnes war dieser beliebt und wurde von anderen als Anführer wahrgenommen, dem seine Freunde und selbst seine Geschwister folgten. Würde das „Zähmen" der beachtlichen Talente seines Sohnes – obwohl sie von ihm in zerstörerischer Weise genutzt wurden – nicht seine späteren Erfolgschancen ruinieren?

Ich denke, die meisten Väter können sich in die Zwickmühle dieses Vaters hineinversetzen. Als Männer sind wir so gestrickt, dass wir wetteifern und etwas erreichen wollen. Zudem werten wir als „stolze Papas" die Erfolge unserer Kinder oft als unsere eigenen Erfolge. Und die Versuchung ist groß, selbst in solchen Momenten, wo er andere mit seinem Verhalten verletzt, zu sagen: „Das ist mein Junge!" Für Väter kann die Vorstellung, Talente eines Kindes zu zähmen, herausfordernd sein und sogar ein wenig kontraproduktiv erscheinen. Ist denn nicht schließlich eine vorrangige Verantwortung eines Vaters, seinen Kindern dazu zu verhelfen, dass sie ihre Talente bestmöglich einsetzen?

Talente und die Bedeutung von Charakter

Die Bibel vertritt ganz deutlich die Auffassung, dass man ein guter Haushalter dessen sein soll, was Gott einem anvertraut hat. Jesus verdeutlicht das sehr anschaulich in einer seiner bekanntesten Lehraussagen, dem „Gleichnis von den anvertrauten Pfunden" (Matthäus 25,14–30). Im Gleichnis begibt sich ein Herr (der für Gott steht) auf eine Reise und wählt zuvor drei seiner Diener aus, denen er Geld anvertraut. Einem Diener gibt er fünf Pfund Silber, einem zwei und einem anderen ein Pfund. Dann begibt er sich auf seine Reise. Die Diener, die fünf bzw. zwei Pfund erhalten hatten, machen sich unverzüglich daran, ihr Geld arbeiten zu lassen, und verdoppeln es schnell. Aber der Diener, der ein Pfund bekommen hatte, gräbt einfach ein Loch im Boden und versteckt das Geld seines Herrn.

Als der Herr zurückkehrt, ruft er die Diener, um sie zu fragen, was sie mit dem Geld getan haben, das er ihnen zuvor gegeben hatte. Er freut sich sehr über die beiden Diener, die sein Geld hatten arbeiten lassen. Andererseits war er sehr verärgert über den Diener, der sein Pfund nicht genutzt hatte. Er war so erzürnt, dass er ihm das eine Pfund wegnahm und ihn hinaus in die Dunkelheit werfen ließ.

Angesichts unserer kulturellen Orientierung auf die Bedeutung finanziellen Gewinns kann jeder Vater, der dieses Gleichnis liest, schlussfolgern, dass hier Jesus vor allem vermitteln wollte, dass man seine gottgegebenen Talente nicht verschwendet, seien es finanzielle oder andere. Das ist offenbar eine der Lehren dieses Abschnittes, und es ist leicht zu erkennen, warum das bei Vätern Widerhall auslöst.

Doch als ich begann, näher über diesen Abschnitt nachzudenken, kam es mir so vor, als ob es beim Gleichnis Jesu weniger um die Größe der Gabe geht, die man empfangen hat, als eher um den Charakter dessen, der sie empfängt. So war der Herr gleichermaßen zufrieden mit den Knechten, die verdoppelten, was sie bekommen hatten, obwohl dem einen mehr gegeben worden war als dem anderen. Ihnen war unterschiedlich viel gegeben worden, aber sie hatten beim Wirtschaften einen gleichermaßen guten Charakter gezeigt. Diese beiden Diener benutzten ihre Gaben weise und angemessen, nicht weil sie erwarteten, Gewinn zu machen, sondern weil sie ihren Herrn ehren und erfreuen wollten, der ihnen unverdientermaßen *seine* Gaben anvertraut hatte. Ihr Charakter spiegelte eine Dienstbereitschaft wider, die aus dem Wissen kommt, dass jedes Talent eine Gabe Gottes ist und deshalb zu seiner Ehre so gut wie möglich vergrößert werden soll.

Offenbar hatte der Diener, der sein einzelnes Pfund vergrub, ein tiefer sitzendes Problem als die Tatsache, dass er das Geld seines Herrn nicht verdoppelt hatte. (Erinnern Sie sich daran, dass der Herr bereits reich war und er den beiden anderen Dienern das anvertraute Geld und den Gewinn überließ.) Das Verhalten dieses Dieners spiegelte ein tiefes charakterliches Problem wider: Furcht, Faulheit oder Respektlosigkeit – die seinen Herrn derart verärgerten, dass der Diener hinausgeworfen wurde.

Gott legt großen Wert auf den Charakter seiner Kinder – etwas, das daher auch für jeden irdischen Vater von Bedeutung sein sollte. Jeden Tag aber berichten unsere Nachrichten über sehr talentierte Leute, die andere verletzt haben und deren Leben ein heilloses Chaos ist, weil sie nie einen Gott wohlgefälligen Charakter entwickelten und nie lernten, wie sie ihre Talente zügeln und lenken konnten. In Gottes Wirtschaft ist ein Mann, der ganz erstaunliche Talente hat, aber einen armseligen und Gott nicht wohlgefälligen Charakter, nur unwesentlich anders als ein Mann, der nur wenige Talente und einen Gott nicht wohlgefälligen Charakter besitzt. Beide Männer verfehlen in ihrem Leben das Ziel und den ihnen von Gott zugewiesenen Zweck. Deshalb ist die vorrangige Verantwortung jedes Vaters, die Talente seiner Kinder zu zügeln und zu lenken, indem er ihnen hilft, einen Gott wohlgefälligen Charakter zu entfalten. Das zu versäumen, kann zu verheerenden und schlimmen Folgen führen, wie wir in der Geschichte von Manoach, dem Vater Simsons, sehen werden.

Ein ganz besonderer Sohn

Eines der bekanntesten und am häufigsten angeführten Beispiele für jemanden, dessen Charakter ihn hinderte, sein gottgegebenes Talent angemessen einzusetzen, ist Simson.

Viele Bücher, Kommentare und zahllose Predigten haben sich mit seiner tragischen Geschichte beschäftigt. Selbst Hollywood hat sich eingemischt; zunächst 1949 durch das Filmepos von Cecil B. DeMille und zuletzt durch eine Fernsehadaption mit der Schauspielerin Elisabeth Hurley als Verführerin Delila. Diese Filme neigen – wie die meisten Predigten – dazu, sich auf Simson und seine Schwäche für das schöne Geschlecht zu konzentrieren. Ich denke aber, dass es wichtig ist, einen Aspekt der Geschichte zu untersuchen, den nur wenige ansprechen: die Rolle, die Simsons Vater Manoach spielte.

Simsons Geburt wird in Richter 13 berichtet. Er wurde während einer schwierigen Zeit für das Volk Israel geboren. Weil das Volk in Gottes Augen böse Dinge getan hatte, gab er es vierzig Jahre lang in die Gewalt ihrer gefürchteten Erzfeinde, der Philister. Dementsprechend verzweifelt sehnte man sich nach jemandem, der das Volk leiten und befreien sollte.

Die Bibel sagt, dass Manoachs Ehefrau unfruchtbar und kinderlos war. Doch dann erschien ihr eines Tages ein Engel des Herrn und sagte ihr, dass sie einen ganz besonderen Sohn haben werde. Der Engel sagte ihr, dass sie alles meiden solle, was unrein sei sowie Wein und vergorene Getränke. Außerdem wurde ihr gesagt, dass kein Schermesser je das Haupt ihres Sohnes berühren solle. Und ihr Sohn werde die Befreiung Israels aus der Hand der Philister beginnen.

Sie war daraufhin sehr aufgeregt und erzählte ihrem Mann sogleich die Neuigkeit. Manoach war ein frommer Mann und verstand sofort die Bedeutung dessen, was seine Frau ihm sagte. Also betete er zu Gott und bat darum, dass der Engel zurückkommen möge und ihn lehren solle, wie der Junge erzogen werden solle. Als der Engel zurückkehrte, stellte Manoach eine Frage, die jeder Vater Gott stellen sollte:

„[...], wie sollen wir dann mit dem Jungen umgehen? Wie müssen wir uns verhalten?" Richter 13,12

Manoach wusste, dass sein Sohn eine besondere Berufung und Bestimmung haben würde. Und tatsächlich – sein Sohn sollte ein Nasiräer werden. Dies bedeutete zunächst, das Nasiräergelübde abzulegen. In 4. Mose 6,2–21 beschreibt Gott detailliert, was zu tun sei, wenn jemand dies tun möchte. Doch in diesem ungewöhnlichen Fall bestimmte Gott Simson vor dessen Geburt dazu. Gott sonderte ihn dazu aus. Sein Nasiräergelübde war eine einzigartige und besondere von Gott gegebene Gabe bzw. ein Talent. Deshalb wollte Manoach, dass der Engel zurückkehren sollte. Er war vermutlich etwas verwirrt, da er wahrscheinlich noch nie zuvor davon gehört hatte, dass jemand von Geburt an Nasiräer sein sollte.

Zweitens hatte jemand, der sich entschloss, Nasiräer zu sein, die Freiheit, über die Dauer des Eides zu entscheiden. In seiner üblichen Form dauerte das Gelübde nur 30 oder längstens 100 Tage.[45] Offensichtlich lag der Fall bei Simson völlig anders, weil er dazu bestimmt war, dieses Gelübde vom Mutterleib an zu erfüllen. Auch das muss Manoach verwirrt haben, aber es zeigte ihm auch an, dass er ein ganz besonderes Kind mit einer ganz besonderen Bestimmung aufziehen würde – ein Kind zur Befreiung Israels. Dieses Verständnis wurde bestätigt, denn als Simson aufwuchs, segnete ihn der Herr und leitete ihn schon in jungen Jahren in diese Berufung.

Die Bibel berichtet nichts weiter von Simsons Kindheit. Doch angesichts der Bedenken Manoachs, wie er angemessen zu erziehen sei, kann man wohl mit ziemlicher Sicherheit annehmen, dass er Simson oft von seiner einzigartigen Situation erzählt hat. Ich bin in der Tat sicher, dass Manoach und Simson mehr als einmal über Haare gesprochen haben. Zusätzlich sagt die Bibel, dass im Knabenalter der „Geist des Herrn anfing, ihn umzutreiben" (Richter 13,25). Wenn so etwas über jemanden im Alten Testament gesagt ist, bereitet Gott üblicherweise jene Person darauf vor, für Gottes Volk eine große Tat zu vollbringen. (Vergleichen Sie beispielsweise 1. Samuel 16,13 in Bezug auf David und Richter 3,10 mit Blick auf Otniel.) So erhielt Simson bereits in jungen Jahren – durch die Worte seines irdischen Vaters und durch den Geist seines himmlischen Vaters – die Bestätigung, dass er etwas Besonderes sei.

Anpassen und Teilnehmen

Schon früh in Simsons Leben wurde jedoch deutlich, dass er ein weltliches Laster hatte, das genauso Teil von ihm war wie seine gottgegebene Fähigkeit. In Richter 14 ist er ein junger Mann und besucht Timna, eine Stadt im Gebiet der Philister:

„Er kehrte nach Hause zurück und erzählte seinen Eltern von ihr: ,Ich habe in Timna eine junge Philisterin gesehen. Sorgt dafür, dass ich sie heiraten kann!' Seine Eltern erwiderten: ,Gibt es denn keine Mädchen hier in unserem Stamm oder unserem Volk? Musst du wirklich zu den Philistern gehen und dir bei diesen unbeschnittenen Heiden eine Frau suchen?' Doch Simson blieb hartnäckig: ,Ich will sie und keine andere! Sie gefällt mir!'" Richter 14,2–3

Versetzen Sie sich nun in Manoachs Lage. Sie haben einen sehr begabten und talentierten Sohn, über den Sie wissen, dass Gott ihn für eine ganze besondere Bestimmung ausgesondert hat; aber nun will er etwas tun, von dem Sie genau wissen, dass es falsch ist. Schließlich wurde von Simson erwartet, dass er die Philister besiegen und nicht bei ihnen einheiraten sollte! Ganz ähnlich wie der Vater mit dem talentierten Sohn, eingangs dieses Kapitels, stand Manoach an einer entscheidenden Weggabelung. Um seines Sohnes willen war es nun wichtig, das Richtige zu tun. Aber unglücklicherweise traf Manoach die falsche Entscheidung. In der Tat machte er sogar zwei Fehler. Zwei Fehlentscheidungen, die Simson auf seinem Weg in Richtung Zügellosigkeit und Ausschweifung bestärkten.

Fehler 1: Sich anpassen. Obwohl Manoach wusste, dass Simson ganz bewusst gegen Gottes Plan für sein Leben handelte, passte er sich dennoch seinem Sohn an und gab Simsons Willen nach. Er bemühte sich für Simson um die philistäische Frau, die sein Sohn heiraten wollte, obwohl er es eigentlich nicht sollte. Indem er das tat, unterstützte er das gefährliche Laster und die lähmende Schwäche seines Sohnes.

Fehler 2: Einfach mitspielen. Richter 14,10 erzählt uns, dass Manoach an Simsons Hochzeit teilnahm, obwohl es deutliche Zeichen gab, dass diese Heirat ein Fehler sein würde. So lehnte die Familie der Braut eine übliche Hochzeit ab, in der die Braut Teil der Familie ihres Ehemannes wird. Stattdessen sollte Simsons Ehefrau bei ihrem Volk bleiben und ihre Kinder sollten als Teil ihrer Familie[46] gelten. Das bedeutete, dass die Philister ein ernst zu nehmendes Druckmittel gegen Simson in der Hand hatten, das ihn daran hindern konnte, Israel zu befreien. Und tatsächlich wandten die Philister dieses neue Machtmittel schon sehr bald gegen Simson an, als sie seine Frau benutzten, um sein Rätsel zu beantworten (Richter 14,17).

Simsons letztlich tragisches Ende ist bekannt. Am beunruhigendsten ist jedoch Simsons Versagen, das ihm von Gott zugedachte Potenzial zu erreichen. Zwanzig Jahre lang verfehlte er als Richter dieses Ziel, obwohl er von Gott begabt war, um Israel aus der Gewalt durch die Herrschaft der Philister zu befreien. Stattdessen nutzte Simson die meiste Zeit sein Talent und seine Kraft für seine eigenen Zwecke. Selbst bei seinem Sterben, als er die Säulen des philistäischen Tempels zum Einsturz brachte, war er eher von Rache als von Buße bewegt (Richter 16,28). Er war bis zuletzt ungezähmt und auf sich selbst fokussiert.

Und das führt uns zurück zu Manoach.

Könnte es sein, dass Simson selbst als kleiner Junge schon unüberlegt war und auf alles zusteuerte, was ihm ins Auge fiel? Gab es Gelegenheiten in Simsons Kindheit, die Manoach als „lehrreiche Momente" hätte nutzen sollen, in denen er sich aber stattdessen entschloss, sich anzupassen und mitzuspielen? Wir werden das wohl nie erfahren. Was wir aber wissen, ist, dass Manoachs Verhalten und Simsons Ende eine ernüchternde Lektion bereithalten, und zwar für alle Väter. Denn wenn wir wirklich wollen, dass unsere Kinder Gottes Segen erfahren und dass sie ihn entsprechend leben, müssen wir ihre Talente in gute Bahnen lenken und gegebenenfalls zähmen.

⌕ Zum Nachdenken

Eines der Risiken, wenn man nun Simson als Grundlage heranzieht, die Talente eines Kindes zu zähmen, besteht darin, dass man annimmt, diese Lektion betreffe nur diejenigen Väter, die den nächsten Fußballweltmeister oder Olympiasieger heranziehen. Warum sollte man sich also Sorgen machen, wenn man ein ganz *normales* Kind großzieht?

Obwohl ich diese Sichtweise durchaus verstehen kann, möchte ich Sie herausfordern und ermutigen, etwas weiter nachzudenken und Talent aus Gottes Perspektive zu sehen. Psalm 130,14 sagt, dass Kinder „wunderbar und einzigartig" gemacht sind und dass Gottes Werke vollkommen sind. Das bedeutet, dass *jedes* Kind auf eine besondere von Gott geschenkte Weise talentiert ist. Und Gott hat jedem Kind auf Erden eine Bestimmung zugedacht, die er von ihm oder ihr verwirklicht sehen möchte. Deshalb verlangt Gott von jedem guten Vater, dass er darin tätig wird, seinem Kind Orientierung zu schenken, was das Talent betrifft.

Nehmen Sie sich ein paar Minuten Zeit, über ein paar der besonderen Talente Ihres Kindes oder Ihrer Kinder nachzudenken. Ich möchte Sie ermutigen, Talent nicht allein als herausragende Leistung zu verstehen und somit nicht nur mit Blick auf „Musik, Schule und Sport" darüber nachzudenken. Es gibt viele verschiedene Arten von Talenten: Kann Ihre Tochter selbst der traurigsten Person ein Lächeln entlocken? Wenn dem so ist, ist das ein Talent. Listen Sie auf, was Ihnen dazu weiter einfällt. Kann Ihr Sohn alle Kinder in der Nachbarschaft dazu bewegen, ihm zu folgen? Wenn dem so ist, ist das ein Talent. Listen Sie das ebenso auf.

♀ Verändern Sie Ihr Vatersein

Als sich Manoach am Scheideweg befand, wie er reagieren sollte, machte er zwei Fehler: Er passte sich an und er machte mit. Nachdem Sie nun die Talente Ihres Kindes oder Ihrer Kinder festgehalten haben, fragen Sie sich, ob Sie denselben Fehler machen, den Manoach machte. Wo waren Sie in der Vergangenheit nicht klar genug? Welche drei konkreten Schritte werden Sie unternehmen, dies zu korrigieren?

Gott möchte nicht, dass sich ein Vater im Hinblick auf das Verhalten seines Kindes, wenn es gegen seinen Willen handelt, anpasst. Er möchte, dass ein Vater Orientierung schenkt an dem, was gottgefällig ist. Ein Vater sollte daher auf Gottes Wort hinweisen, barmherzig und liebevoll. Nur, wenn es ums Mitspielen geht, sollte ein Vater auch den Schritt (schweren Herzens) tun, nicht an dem, was sein Kind will, teilzunehmen. Die Aufgabe eines Vaters ist es, das eigene Kind auf einem guten Weg zu leiten. Das bedeutet, dass ein guter Vater, genau wie ein guter Hirte, sein Kind liebevoll auf einen Weg lenkt, den es gehen soll.

Wann immer Sie also versucht sind mitzuspielen, entscheiden Sie sich dafür, Ihrem Kind den Weg zu weisen.

Er schlug das Zelt seiner Familie nahe der Versuchung auf

„Bleibt wach und betet, damit ihr der Versuchung widerstehen könnt. Ich weiß, ihr wollt nur das Beste, aber aus eigener Kraft könnt ihr es nicht erreichen."
Markus 14,38

Da ich vielerorts über das Vatersein spreche, bekomme ich gewöhnlich immer irgendein Buch zum Thema Vatersein zugesteckt. Es freut mich, alle diese Bücher zu erhalten, insbesondere die Bildbände, in denen es um Väter und ihre Kinder geht.

Oft wird viel Negatives über Väter berichtet, und so ist es ein Genuss, wenn man dann in einem solchen Buch sieht, wie die Richtigen die Anerkennung bekommen, die sie rechtmäßig verdienen. Ihre Geschichten sind meist sehr fesselnd, und zudem porträtieren diese Bücher üblicherweise Durchschnittsväter, die in den meisten Fällen erhebliche Widerstände überwunden haben, um die Art Vater zu sein, den ihre Kinder in ihnen brauchen.

Vor einigen Monaten blätterte ich einen dieser Bildbände durch, der berühmte Väter und ihre Kinder vorstellte. Dabei stieß ich auf ein großes Bild. Es war ein Foto Hugh Hefners, des Gründers des *Playboys*, mit seinen beiden Söhnen. Der Fotograf hatte diesem Bild eine berührende Überschrift beigefügt, die den Leser glauben machen sollte, Hefner sei die Art von Vater, die zu sein wir alle anstreben sollten.[47]

Nun habe ich nicht das Verlangen, mich als Supervater oder Oberschiedsrichter in allen Fragen des Vaterseins aufzuspielen, und ich will auch kein Urteil darüber fällen, ob Hefner das Recht hat, seine Gene weiterzugeben. Schließlich leben wir in einem freien Land. Wenn ich allerdings an Väter denke, die der nächsten Generation Gutes weitergeben, kommt mir Hugh Hefner nicht gerade in den Sinn. Dass er in einem solchen Bildband gezeigt wird … Wollen wir wirklich mehr Väter wie ihn? Ist Hefner wirklich ein gutes Vorbild für seine (und Ihre) Söhne im Blick darauf, wie man Frauen behandeln soll? Und welcher gute Vater sähe es gern, wenn seine junge Tochter in die Playboy-Mansion-Villa nebenan zum Spielen geht?

Meiner Ansicht nach ist es für jeden Vater eine Aufgabe, anderen Mitvätern dabei zu helfen, ebenfalls gute Väter zu sein. Und bei diesem wichtigen Test fällt Hefner definitiv durch. In der Tat hat er seinen erheblichen Reichtum ja damit verdient, dass er genau das Gegenteil machte. Über Jahrzehnte war es sein Sendungsauftrag, gute Väter in Väter zu verwandeln, die durch Schlüssellöcher gucken. In seiner Rolle als Pate der Pornografie hat er dabei geholfen, zahllose Männer und Familien zu zerstören, weil Pornografie ein schleichender und heimlicher Familienkiller ist – Süßigkeiten fürs Auge, die zu körperlichem, emotionalem und geistlichem Verfall führen. Wenn es im Vaterunser heißt: „Führe uns nicht in Versuchung", denke ich an Hugh Hefner. Unglücklicherweise war Hefner sehr erfolgreich dabei, sein gefährliches Produkt und seine Weltanschauung zu verbreiten.

Die Verlockung der Pornografie

Vor ein paar Jahren hatte unsere Nachbarschaft im Sommer ein Problem mit dem Befall durch Japankäfer. Diese gefräßigen kleinen Insekten waren einfach überall. Da meine Frau jedoch eine begeisterte und tatkräftige Gärtnerin ist und einen schönen Bestand an Pflanzen und Büschen hat, machten die Tierchen unser Heim zu ihrem. Wir wandten viele Taktiken an, um diese Geschöpfe loszuwerden, doch nichts half. Nachdem sie die Blätter ihrer Lieblingsrosenbüsche aufgefressen hatten, wuchs bei meiner Frau der Frust, und sie machte sich auf den Weg zum nächsten Baumarkt. Schon bald kam sie zurück mit überlegenem Lächeln und einem bahnbrechenden Produkt namens „Tüte einen Käfer ein" in der Hand.

Die Anwendung war ziemlich einfach. Man sollte nur einen Beutel – der einen besonders duftenden Köder enthielt – in seinen Garten hängen und abwarten. Anschließend sollten diese Käfer, die so maßlos fraßen, wie sie sich vermehrten, zum Beutel hinfliegen. Sobald sie dem duftenden Köder dann zu nahe kommen, raubt dieser ihnen die Orientierung, und sie fallen in den Beutel. Tatsächlich! Es funktionierte.

Nach ein paar Tagen war der Beutel so voll, dass das Drahtgestell sich unter dem Gewicht zu verbiegen begann. Das war wirklich absolut verrückt. Offen gesagt, ich weiß, dass Käfer eine niedere Lebensform sind, aber ich hatte erwartet, dass sie diese Sache durchschauen. Sahen sie denn nicht, dass die Käfer vor ihnen plötzlich in den Beutel fielen? Hörten sie nicht das verzweifelte Summen ihrer Käferkollegen im Beutel, sodass sie die Falle vermeiden konnten? Doch das taten sie nicht – Pech für sie – und schon bald war kein einziger der Käfer in unserem Garten übrig.

Das Verhalten der Japankäfer scheint mir ein angemessener Vergleich dafür zu sein, was geschieht, wenn Väter der Verlockung der Pornografie nachgeben. Zugegeben, aus unserem Blickwinkel betrachteten wir die Käfer als eine deplatzierte Plage, als sie ihr Lager auf den Rosenbüschen meiner Frau aufschlugen. Aber diese Rosenbüsche waren ihr Zuhause und dorthin gehörten sie. Die Büsche waren ein Ort, der ihnen reichlich Nahrung bot, ihrer Vermehrung Raum gab und damit ein Schlüssel für das Überleben der Käfer war. Und doch verließen sie diesen Ort aufgrund der Versuchung, die sie gefangengenommen hatte und die schließlich zu ihrem Tod führte. Und in der Tat ist Pornografie eine Art „Tüte einen Vater ein". Sie kann bei jedem Vater, der diesen Köder schluckt, zu einem ähnlichen Schicksal führen. Viel zu viele Väter haben für diese Lektion bereits einen hohen Preis bezahlt.

Pamela Paul, Reporterin des *Time Magazins* und Autorin des Buches *Pornified*, beschrieb es so:

„Die Zahl derer, die heute Pornografie konsumieren, ist erschreckend hoch. Amerikaner leihen sich mehr als 800 Millionen pornografische Videos und DVDs aus (etwa jeder fünfte ausgeliehene Film ist ein Pornofilm), und die 11 000 Pornofilme, die jedes Jahr gedreht werden, überholen die jährliche Liste Hollywoods bei Weitem. Vier Milliarden Dollar werden in den USA jedes Jahr für Pornovideos ausgegeben, mehr als für Football, Baseball und Basketball. Jeder vierte Internetnutzer schaut sich mindestens einmal im Monat eine Internetseite mit Pornografie an. Männer sehen im Internet mehr Pornografie als jedes andere Thema. Und 66 % der 18- bis 34-jährigen Männer besuchen jeden Monat pornografische Internetseiten. "[48]

Zusätzlich besagt der Bericht „The Social Costs of Pornography: A Statement of Findings and Recommendations" (Die gesellschaftlichen Kosten der Pornografie: Stellungnahme zu Ergebnissen und Empfehlungen):

„Anders als zu jedem früheren Zeitpunkt in der Geschichte ist Pornografie nun allgemein verfügbar und ihr Konsum ist weit verbreitet in unserer Gesellschaft, woran zum großen Teil das Internet schuld ist. Niemand bleibt davon unbehelligt. "[49]

Leider unterstützen einige Väter, selbst bekennende Christen, die Sichtweise, dass „ein kleiner Pornofilm am Rande" niemandem schadet. Doch das ist eine äußerst gefährliche Sichtweise. Pornografie ist eine Form des passiven Missbrauchs, der in einer Ehe irreparablen Schaden anrichten und sich negativ auf die Fähigkeit auswirken kann, ein liebevoller und engagierter Vater zu sein. Sie kann einen Vater in einen „Dr. Jekyll und Mr. Hyde" verwandeln, der schnell die Kontrolle verliert. Denn Pornografie kann zu einer starken „Erregungssucht" werden. Während man bei einer Drogensucht immer mehr von einem Suchtmittel haben will, verhält es sich bei der Erregungssucht so, dass man immer mehr von immer neuen Suchtmitteln will, und mit der Zeit verdrängen dieser Appetit und das Verlangen nach Abwechslung jegliches Verlangen nach der eigenen Ehefrau und die Verbindung zu den Kindern.

Am Schluss wird ein Vater, der dieser Versuchung ständig nachgibt, herausfinden, dass er seine Sucht nach Pornografie nicht mehr kontrollieren kann. Seine Sucht wird ihn kontrollieren, was ihn auf einen Weg der Zerstörung führt und ihn letztlich selbst zerstört und alles, was ihm wertvoll ist.

Satans Ziel ist es, einen Vater für die Folgen seines Verhaltens blind zu machen und zu verhindern, dass er all das ist, was Gott ihn sein lassen möchte. Pastor Bill Perkins sagt in seinem ausgezeichneten Buch *When Good Men are Tempted* (Wenn gute Männer versucht werden):

„Ein Mann, der von seinem Fleisch (seinen sündigen Wünschen) kontrolliert wird, ist unfähig, Gott gehorsam zu sein."[50]

Ein Vater muss in der Tat wählen, wem er dienen will. Er kann sich dafür entscheiden, sich selbst Befriedigung zu verschaffen oder aber Gott zu gefallen, indem er die Rolle ausfüllt, die ihm zugewiesen ist.

Paradoxerweise geht es bei der Pornografie im Kern nicht darum, Männern Befriedigung zu bieten. Es geht vielmehr um das Anstacheln von *Unbefriedigtsein*. Denn letztlich beabsichtigt jedes Bild und jedes Video, einen Mann unzufrieden gegenüber seiner Ehefrau werden zu lassen, die Gott ihm gegeben hat, und nachlässig zu werden mit der Verantwortung für seine Kinder, die Gott ihm anvertraut hat. Je unzufriedener der Vater ist, umso besser für die Pornoindustrie, weil das bedeutet, dass er immer mehr Pornografie konsumieren wird. Letztlich dreht es sich bei Hugh Hefner und seinen Verbündeten nur ums Geschäft.

Der kleine Horrorladen

Das bekannte Musical *Der kleine Horrorladen* bietet eine unterhaltsame und realistische Allegorie dessen, wie Versuchungen (wie Pornografie) funktionieren. Die Hauptfigur im Musical ist Seymour Krelborn, ein unglücklicher und unbedeutender Typ, der in einem heruntergekommenen Blumenladen arbeitet. Er ist enttäuscht mit seinem Los, und sein einziger Lichtblick ist eine hübsche blonde Frau namens Audrey, die ebenfalls im Laden arbeitet. Seymour ist in Audrey verliebt, aber obwohl sie sich ihm gegenüber freundlich verhält, ist sie zu seinem großen Bedauern nicht in ihn verliebt.

Eines Tages nun geht Seymour spazieren und stößt zufällig auf eine kleine geheimnisvolle Pflanze, die einer Venusfliegenfalle ähnelt. Er entschließt sich, die Pflanze zu behalten, und wegen seiner Liebe zu Audrey nennt er die Pflanze

„Audrey II.". Er nimmt die Pflanze mit in den Blumenladen. Obwohl er ihr viel Licht und Wasser zukommen lässt, wächst sie nicht; aber eines Tages sticht er seinen Finger an einem der Dornen der Pflanze, und der Kopf der Pflanze öffnet sich und beginnt, eine saugende Bewegung zu machen, ganz ähnlich wie ein Säugling, der gestillt werden möchte. Seymour erkennt schnell, was die Pflanze will, und gibt ihr ein paar Tropfen seines Blutes. Die winzige Pflanze lebt sofort auf, saugt gierig an Seymours Finger und beginnt zu wachsen. So zieht Seymour die Pflanze durch eine tägliche Dosis seines eigenen Blutes auf, sodass sie kräftig und gesund wird.

Während die Pflanze wächst, kommen wegen ihrer eigenartigen Erscheinung Leute von überall her, um sie zu sehen. Zusammen mit dem zunehmenden Kundenverkehr und der Bekanntheit erholt sich der Blumenladen wirtschaftlich schnell. Als Besitzer von Audrey II. wird Seymour außerdem schnell zu einer Berühmtheit und gewinnt sogar Audreys Aufmerksamkeit, was er sich von Herzen gewünscht hatte. Seymour ist total begeistert. Er ist süchtig nach dieser Aufmerksamkeit.

Doch bald erhebt sich ein vorhersehbares Problem. Während Audrey II. wächst, braucht sie eine immer größere Menge von Seymours Blut. In der Tat verbringt Seymour die meiste Zeit des Tages damit, die Pflanze zu füttern. Er wird ausgesaugt und seine Gesundheit verschlechtert sich. So entschließt er sich zögernd, die Pflanze nicht weiter zu füttern.

Als er die Versorgung der Pflanze jedoch abbricht, beginnt Audrey II. zu Seymours Erstaunen zu sprechen. Mit ärgerlicher und aufbrausender Stimme verlangt sie, gefüttert zu werden. Als das nicht zum Erfolg führt, versucht sie verführerisch, Seymour auf ihre Seite zu ziehen, und erzählt ihm, dass sie Seymour helfen werde, Audreys Herz zu gewinnen. Dennoch weigert sich Seymour, der Pflanze zu helfen.

Schließlich ändert er seine Meinung, als er mitbekommt, dass Audreys Freund sie misshandelt. Die Pflanze benutzt Seymours Liebe zu Audrey geschickt zum eigenen Vorteil, indem sie Seymour überzeugt, dass Audreys brutaler Freund gutes Pflanzenfutter sein würde. Also beschließt Seymour, den Freund zu töten. Wie es das Schicksal will, bringt sich der Freund versehentlich selbst um, was Seymour allerdings hätte verhindern können. Jedenfalls verfüttert Seymour den Freund an die erfreute Pflanze.

Im weiteren Verlauf des Musicals stellt die Pflanze immer weiter und zunehmend aggressiver die Forderung, dass Seymour sie füttern solle. Rechtzeitig tötet Seymour den Ladenbesitzer und verfüttert ihn an die Pflanze. Schließlich tötet die Pflanze sogar Audrey und frisst auch sie. Seymour wird letztendlich einsichtig und erkennt in der Pflanze das Böse und versucht, sie zu erschießen, umzuhacken und zu vergiften. Aber leider ist sie schon zu mächtig geworden. Zuletzt findet Seymour sein trauriges und tragisches Ende. Im Bemühen, sich selbst doch noch von dieser Pflanze zu befreien, die er einst kontrollierte und die nun ihn kontrolliert, rennt er mit einem Messer[51] in ihr geöffnetes Maul und hofft, die Pflanze von innen zu töten. Aber dieser letzte Versuch scheitert und die Pflanze frisst auch ihn.

Es gibt ein altes Sprichwort über den Unterschied zwischen einer Gewohnheit und einer Sucht:

„Eine Gewohnheit ist etwas, das du hast. Eine Sucht ist etwas, das dich hat."

Wie Seymour es erfahren hat, beginnen große Abhängigkeiten immer als kleine Gewohnheiten; aber sie können zu jemandes Zerstörung und Tod führen. In 1. Korinther 10,13 steht:

„Was eurem Glauben bisher an Prüfungen zugemutet wurde, überstieg nicht eure Kraft. Gott steht zu euch. Er lässt nicht zu, dass die Versuchung größer ist, als ihr es ertragen könnt. Wenn euer Glaube auf die Probe gestellt wird, schafft Gott auch die Möglichkeit, sie zu bestehen."

Kurz gesagt: Versuchung ist üblich, sie zeigt sich auf vorhersehbare Weise, sodass ein weiser und disziplinierter Vater ihr aus dem Weg gehen kann. Allerdings versagen Väter allzu oft dabei wie Seymour, den deutlichen Gefahrenschildern zu gehorchen. Die Folgen können katastrophal sein, wie wir anhand der Schwierigkeiten sehen werden, denen sich Lot ausgesetzt sah.

Das Zelt nahe bei der Versuchung aufschlagen

Lots Geschichte fängt eigentlich in 1. Mose 13 so richtig an. Er und sein Onkel Abraham waren einige Zeit miteinander umhergezogen und ihre Viehherden waren stark gewachsen. Deshalb entbrannte ein Streit zwischen ihren Hirten, weil es nur begrenzt Weideland gab. Also sagte Abraham zu Lot:

„Es soll kein böses Blut zwischen unseren Hirten geben! Wir sind doch Verwandte und sollten uns nicht streiten!" 1. Mose 13,8

Als er Lot vorschlägt, sich aufzuteilen, lässt Abraham ihm die Wahl, in welche Richtung er weiterziehen will. Abraham selbst wollte dann in die entgegengesetzte Richtung gehen. Nun war dieses Angebot Abrahams sehr großzügig und spiegelte beachtliche Demut wider. Als der Ältere hätte er das Recht gehabt, zuerst zu wählen, und Lot hätte keine andere Möglichkeit gehabt als zu nehmen, was Abraham nicht wollte.

Lot hätte Demut zeigen und Abraham anbieten können, dass man die Entscheidung dem Los überließe, aber das tat er nicht. Er ergriff die Gelegenheit und schnappte sich das beste Land. Er ließ sich vom gierigen Blick leiten und machte sich nach Osten auf. Aber es gab ein Problem. In 1. Mose 13,12 heißt es: „Lot wohnte in den Städten der Ebene des Jordan und schlug seine Zelte auf bis nach Sodom", einem Ort, an dem böse Männer und große Sünder vor dem Herrn wohnten. Lot schlug also das Zelt seiner Familie in der Nähe der Versuchung auf.

Als Lot losgezogen war, kam Gott zu Abraham und bestätigte ihm erneut, dass er ihn segnen werde. Gott sagte zu Abraham:

„Schau dich nach allen Seiten um! Das ganze Land, alles, was du jetzt siehst, will ich dir und deinen Nachkommen geben – für immer!" 1. Mose 13,14–15

Als Abraham sich von Sodom, dem Land der Versuchung, wegbewegte, war das Erste, was er tat, anzuhalten und Gott einen Altar zu bauen.

Die Bibel sagt nicht, wie lange Lot in der Nähe von Sodom lebte, ehe für ihn die Schwierigkeiten begannen. Doch als sie anfingen, waren es gewaltige, denn der König von Sodom und mehrere andere verbündete Könige entschlossen sich, gegen eine Gruppe von Königen zu rebellieren, die sie beherrscht hatten. Doch die rebellischen Könige wurden schnell besiegt und die Sieger nahmen den Verlierern ihren ganzen Besitz ab. Leider war Lot zur falschen Zeit am falschen Ort und so wurden er, seine Familie und sein Besitz Teil der Kriegsbeute. Lot wurde in all das mit hineingezogen wegen seiner Nähe zur Versuchung und litt nun unter den schmerzlichen Folgen.

Allerdings sagt 1. Korinther 10,13, dass Gott treu ist, wenn uns die Versuchung überrumpelt, und dass er auch dann einen Ausweg schaffen wird. Genau das tat Gott für Lot. Als Abraham erfuhr, dass Lot verschleppt worden war, jagten er und eine Gruppe geübter Männer den Königen nach, die Lot etwa 240 Kilometer weit weggebracht hatten. Abraham besiegte die Könige und brachte Lot zusammen mit seinem Besitz und seinen Leuten zurück. Abraham traf sogar auf den König von Sodom und dieser wollte ihn belohnen. Aber Abraham lehnte es ab, irgendetwas von ihm anzunehmen (1. Mose 14).

Angesichts der wundersamen Rettung Lots – ihm wurden seine Familie und sein Besitz zurückgegeben – sollte man meinen, dass er nun so schnell wie möglich von Sodom wegzog. Doch das tat Lot nicht. In gewissem Sinn war Lot süchtig nach Sodom. In der Tat sitzt er beim nächsten Mal, als wir von ihm lesen, am Stadttor Sodoms, als zwei Engel des Herrn mit dem Auftrag kommen, die Stadt wegen ihrer Verdorbenheit zu zerstören (1. Mose 19). Und die Unterhaltung, die Lot mit den Engeln führt, bietet einen Einblick in die Tatsache, dass Lot trotz seiner vorherigen Errettung durch Gott Kompromisse eingegangen war, sich mit den Versuchungen, die ihn umgaben, zu arrangieren.

Als die Engel sagen, sie wollten auf dem Marktplatz übernachten, besteht Lot darauf, dass sie seine Gäste sein sollen. Warum tut er das? Er war sich der Verdorbenheit seiner Umgebung sehr wohl bewusst und wusste, dass die Männer der Stadt für seine Gäste eine Gefahr waren. Also sagte er den Engeln, dass sie früh aufstehen sollten, um weiterzuziehen. Hätte es nicht eher sein Anliegen sein sollen, dass sich die Engel Gottes mit der Verdorbenheit der Stadt befassen? Wenn sie die Stadt nicht zerstören sollten, so hätten sie sie doch retten sollen. Zudem bot er den Männern der Stadt, die kamen, um seine Gäste zu missbrauchen, nicht nur seine Töchter an, um diese zu vergewaltigen, sondern er hatte ihnen auch erlaubt, Männer aus Sodom zu heiraten. Diese Männer waren so sehr Teil der verdorbenen Kultur der Stadt, dass sie Lot auslachten und es ablehnten, von Sodom wegzugehen, als er sie wegen der drohenden Zerstörung warnte. Und schließlich zögerte er so lange, bis es Zeit war, die Stadt zu verlassen, dass die Engel ihn bei der Hand nehmen und ihn aus der Stadt führen mussten, um sein Leben zu retten.

Eine der beunruhigendsten Folgen von Lots Entscheidung, das Zelt seiner Familie nahe der Versuchung aufzuschlagen, war jedoch das, was seiner Frau und seinen Töchtern geschah. Jedes Kind lernt in der Sonntagsschule, dass Lots Frau zu einer Salzsäule wurde, weil sie nicht dem Befehl der Engel gehorchte, nicht zurückzublicken auf die brennenden Städte Sodom und Gomorra. Aber einen Teil der Schuld dafür muss man Lot zuschreiben. Erstens sagt die Bibel, dass Lots Frau hinter ihm lief. Nach meiner Ansicht hätte Lot das Leben seiner Frau schützen sollen und sie hätte vor ihm laufen müssen. Hätte sie das getan, hätte Lot, als sie anfing, sich umzudrehen, sie warnen können. Ich vermute auch, dass sie sich fürchtete. Wäre sie vor ihm gelaufen, wäre er besser positioniert gewesen, sie zu ermutigen und ihr dabei zu helfen, vorwärtszugehen.

Zweitens entschloss sich Lot als Oberhaupt der Familie, seine Frau nach Sodom zu bringen ... zwei Mal. Er brachte sie somit in die Lage zu sündigen.

Ein Ehemann darf seine Frau nicht in Versuchung führen. Deshalb zerstört es für eine Frau so viel, wenn ein Ehemann der Versuchung der Pornografie nachgibt. Das kann dazu führen, dass die Frau sich unwürdig und ungeliebt fühlt und sich nach Intimität und Zuneigung sehnt, die ihr der Ehemann sonst entgegenbrachte. Es ist eine Form des passiven Missbrauchs, die letztlich die Frau selbst anstiften kann, einer Versuchung nachzugehen. Sie kann durch das Verhalten ihres Mannes verletzbar werden für eine emotionale und/oder körperliche Affäre. Es kann bis dahin führen, dass sie „zurückschaut" auf vergangene Beziehungen und sich fragt, ob ihre Ehe mit ihrem Mann wirklich das Beste für sie ist, das Gott ihr zugedacht hat.

Bei Lots Töchtern findet sich auch eine gleichsam beunruhigende Dynamik wider: Angesichts der Tatsache, dass die Männer der Stadt mit den Engeln Sex haben wollten, bot Lot ihnen seine Töchter an, die noch Jungfrauen waren. Wie demütigend muss das für seine Töchter gewesen sein, zumal sie verlobt und zur Ehe versprochen waren. Sicherlich würde kein Mann sie noch heiraten wollen, nachdem ihnen in dieser Weise Gewalt angetan worden war. Warum kam Lot auf solch eine Idee? – Ich glaube, weil er in Sodom lebte, setzte er einfach ihre Sicherheit und seine eigenen Prinzipien aufs Spiel.

Noch etwas: Da Lot sich entschieden hatte, in Sodom zu leben, musste er eilends fliehen und all seinen Besitz zurücklassen. Infolgedessen hatten er und seine Töchter schließlich in einer Höhle zu hausen. Abgeschnitten von der Gesellschaft, ergriff seine Töchter so sehr die Angst, niemals einen Ehemann zu finden und Kinder zu haben, dass sie ihren Vater betrunken machten und mit ihm Sex hatten. Diese Entscheidung spiegelt ebenfalls die gestörten Moralvorstellungen wider, die sie während ihres Lebens in Sodom entwickelt hatten. Die Söhne, die aus der Inzest-Vereinigung hervorgingen, wurden die Väter der Ammoniter und der Moabiter, zweier Völker, die den Israeliten (den Nachkommen Abrahams, des Mannes, der Lots Leben gerettet hatte) unablässig in Feindschaft entgegentraten.

Es gibt also viel, was Väter aus Lots Geschichte lernen können. Er war ein Vater, der gerettet und erlöst wurde. Und nachdem er der Versuchung erlegen war, wurde trotzdem sein Besitz wiederhergestellt – nur damit er sich wieder der

Versuchung zuwenden konnte. Am Ende kostete ihn seine Unfähigkeit, der Versuchung zu widerstehen, seine Familie, seinen Wohlstand und sein gottgegebenes Erbe. Das war ein sehr hoher Preis, den er bezahlte.

🔍 Zum Nachdenken

In diesem Kapitel haben wir uns beim Thema Versuchung auf den Bereich der Pornografie konzentriert, einem sehr ernsten Thema, das viele Ehen und Familien zerstört. Väter haben heutzutage gegen jegliche Herausforderung, die sich für sie in diesem Bereich erhebt, aggressiv und unverzüglich vorzugehen. Nehmen Sie sich etwas Zeit, um Jakobus 1,14–15 zu lesen und darüber nachzudenken.

„Es sind vielmehr unsere eigenen selbstsüchtigen Wünsche, die uns immer wieder zum Bösen verlocken. Geben wir ihnen nach, dann haben wir das Böse empfangen und bringen die Sünde zur Welt. Sie aber führt unweigerlich zum Tod."

Inwiefern trifft dieser Abschnitt auf Sie zu?

📍 Verändern Sie Ihr Vatersein

Wenn wir der Versuchung erliegen, ist Gott treu und kann wie in Lots Fall retten, erlösen und wiederherstellen. Um jedoch sicherzustellen, dass wir nicht wieder in die alten Verstrickungen zurückkehren, ist es wichtig, den Prozess zu verstehen, der uns anfänglich in die Versuchung geführt hat.

In seinem Buch *When Good Men are Tempted* (Wenn gute Männer versucht werden) benutzt Pastor Bill Perkins den Abschnitt aus dem Jakobusbrief, um vier bestimmte Schritte zu skizzieren, die Teile des Kreislaufs der Verführung sind:

Verlockung (Beschäftigung),

Empfängnis (Ritualisierung),

Geburt (Ausübung) und

Tod (Schande/Scham).

Pastor Perkins zeigt anhand dieses Kreislaufs auf, dass der Schlüssel zur Befreiung darin liegt, die Versuchung im Stadium der Verlockung zu durchbrechen. Er sagt: „Für einen Mann, der Freiheit von der sexuellen Lust finden will, ist nichts wichtiger, als die Rituale zu bestimmen, die dem Abschnitt des Ausübens vorausgehen."[52]

Deshalb gilt: Wenn Sie ein Problem mit einer zerstörerischen Gewohnheit haben, möchte ich Sie bitten, dass Sie sich einen Augenblick Zeit nehmen und Ihre Rituale auflisten – alle. (Beispielsweise das bewusste Vorbeisurfen auf bestimmten Internetseiten, das Lesen ganz bestimmter persönlicher Werbe-E-Mails oder …) Wenn Sie diese Liste aufgestellt haben, schreiben Sie bitte auf, was genau Sie in Zukunft tun wollen, um diese Rituale zu vermeiden.

Der Pornografie und sexuellen Versuchung zu widerstehen, ist eine der schwierigsten Herausforderungen, der sich viele Väter gegenübersehen, besonders dann, wenn sie keine Hilfe bekommen. Die gute Nachricht lautet, dass viel Hilfe verfügbar ist. Beispielsweise gibt es eine Reihe hervorragender Internetfilter, die

Ihnen dabei helfen, den Konsum von Pornografie über das Internet zu vermeiden. Ich glaube allerdings, dass die wichtigste Sache, die jeder Vater auf diesem Gebiet tun kann, darin besteht, dass er sich rechenschaftspflichtig gegenüber anderen Vätern macht. Jakobus 5,16 sagt, dass wir einander unsere Sünden bekennen und füreinander beten sollen, damit wir geheilt werden. Satan liebt nichts mehr als einen Vater, der isoliert ist und auf sich allein gestellt kämpft.

Ein Schritt auf dem Weg zu mehr Verantwortlichkeit bei dem Thema kann auch für Sie sein, Ihre Liste von Ritualen einem Vater oder einer Gruppe von Vätern mitzuteilen, dem bzw. der Sie vertrauen. Bitten Sie sie, gelegentlich bei Ihnen nachzufragen, damit sichergestellt ist, dass Sie nicht in früheres Verhalten zurückfallen. Halten Sie sich bewusst vor Augen, dass die Disziplin und nicht schon der bloße Wunsch das Schicksal eines Mannes bestimmt.

Und letztlich ermutige ich Sie, wenn Sie verheiratet sind, diese Angelegenheit mit Ihrer Ehefrau zu besprechen. Schließlich hat Gott Ihnen Ihre Frau als Gehilfin gegeben. Zugegeben, das Gespräch mag schwierig sein, aber sie sieht Ihr Nachgeben auf diesem Gebiet als eine Reaktion auf sie und/oder als eine Ablehnung ihrer Person. Dementsprechend kann es entscheidend sein, dass sie versteht, dass Sie sie mit einbeziehen möchten, weil Sie sie wirklich lieben. Vielleicht kann dieses Kapitel auch ein Türöffner sein für ein solches Gespräch, wenn Sie Ihre Frau bitten, es vorab zu lesen.

9.

Sechs Dinge, die ein Vater tun muss, um ein guter Vater zu sein

„Und da ihr den als Vater anruft, der ohne Ansehen der Person einen jeden richtet nach seinem Werk, so führt euer Leben, solange ihr hier in der Fremde weilt, in Gottesfurcht." 1. Petrus 1,17

Während ich dieses Buch schrieb, erlebte ich eine persönliche Tragödie. Jay Young, der über dreißig Jahre einer meiner engsten Freunde war, verstarb unerwartet. Es war ein schwerer Verlust. Wir waren seit unserem ersten Jahr im College Freunde gewesen. In den Tagen nach Jays Tod habe ich über einiges nachgedacht, was uns verband, weil wir einige Gemeinsamkeiten hatten. Beispielsweise sind wir beide afroamerikanische Jungs, die in großen Städten im Mittleren Westen der USA aufgewachsen sind. Wir waren begeisterte Footballfans, die seit ihrer Jugend bis zum College auch selbst aktiv gespielt haben, und wir liebten beide die Pittsburgh Steelers. Außerdem waren unsere Mütter alleinerziehend, und die Abwesenheit unserer Väter hatte wohl auch viel damit zu tun, dass wir später unseren Kindern bessere Väter sein wollten.

Wenn jemand stirbt, der einem nahestand, ist es nicht unüblich, dass man das eine oder andere bedauert und sich wünscht, man hätte noch wenigstens einmal die Gelegenheit, miteinander Zeit zu verbringen. Jay und ich waren beide immer viel beschäftigt gewesen, daher kenne ich dieses Bedauern nur zu gut. Allerdings erinnerte ich mich nach Jays Tod hauptsächlich an die vielen Gespräche mit ihm, die wir über das Vatersein geführt hatten. Sie waren ein wesentlicher Teil unserer Beziehung. Denn wir suchten beide nach der Formel für die „geheime Zutat", gute Väter zu sein.

In meiner Zeit als Präsident der National Fatherhood Initiative begegnete mir seitens der Väter folgende Frage am häufigsten: „Was muss ich tun, um sicherzugehen, ein guter Vater zu sein?" – Eine gute Frage. Zunächst würde ich sagen, die Fehler unserer acht schlechten biblischen Väter zu vermeiden, die hier im Buch besprochen wurden. Doch um ein guter Vater zu sein, geht es nicht nur darum, etwas nicht zu tun. Es geht auch darum, etwas zu tun.

Um Ihnen auf Ihrem Weg zu helfen, ein guter Vater zu sein, habe ich sechs Dinge umrissen, die jeder gute Vater tun sollte:

1. Gute Väter bestärken ihre Kinder

Vor einigen Jahren sprach ich bei einem Männergebetsfrühstück über das Vatersein. Ich war mir noch nicht ganz sicher, worüber ich sprechen sollte. Ich hatte das Gefühl, ein neues lebendiges Wort von Gott für meinen Vortrag zu brauchen. Also blätterte ich durch meine Bibel und stieß auf folgende Passage:

„Auch Jesus kam aus seiner Heimat in Galiläa an den Jordan, um sich von Johannes taufen zu lassen. Aber Johannes versuchte, ihn davon abzubringen: ‚Ich müsste eigentlich von dir getauft werden, und du kommst zu mir?‘ Jesus erwiderte: ‚Lass es so geschehen, denn wir müssen alles tun, was Gott will.‘ Da gab Johannes nach. Gleich nach der Taufe stieg Jesus wieder aus dem Wasser. Der Himmel öffnete sich über ihm, und er sah den Geist Gottes wie eine Taube auf sich herabkommen. Gleichzeitig sprach eine Stimme vom Himmel: ‚Dies ist mein geliebter Sohn, der meine ganze Freude ist.‘ Danach wurde Jesus vom Geist Gottes in die Wüste geführt, wo er den Versuchungen des Teufels ausgesetzt sein sollte.“ Matthäus 3,13–4,1

Als ich darüber nachdachte, was hier geschah, lenkte Gott meine Gedanken auf diese „Bestätigung vor der Versuchung“. Da war Jesus – wahrer Gott und wahrer Mensch –, aber Gott, der Vater, wusste, dass es für Jesus in seinem Menschsein wichtig war, eine Bestätigung seines himmlischen Vaters zu erhalten.

Der Zeitpunkt dieser Bestätigung ist bedeutungsvoll. Denn erstens war Jesus dabei, seinen Auftrag in der Welt zu beginnen, um dessentwillen er auf die Erde gekommen war. Die bestätigenden Worte festigten daher Jesu Identität, sein Ziel und seine Bestimmung. Und zweitens stand Jesus unmittelbar vor einer Zeit enormer Versuchung. Matthäus 4,1–11 berichtet davon, wie Satan Jesus dreifach versucht: auf dem Weg der „Lust des Fleisches" oder dem Wunsch nach Freude, auf dem Weg der „Lust der Augen" oder dem Wunsch zu besitzen und auf dem Weg des „Stolzes im Leben" oder dem Wunsch, etwas zu erreichen. Und wie wir wissen, blieb Jesus in all diesen Versuchungen standhaft und sündigte nicht.[53]

Alles, was Satan als Versuchung einsetzte, waren nur Nachahmungen wirklicher Dinge, die Jesus bereits unter seiner Herrschaft hatte. Er hatte wirkliche „Freude" durch seine Beziehung mit Gott, dem Vater. Er hatte bereits alles „erhalten" durch seine Beziehung zu Gott, dem Vater. Er war gewiss, die wichtigste Aufgabe in der gesamten Schöpfung zu „erfüllen", wenn er am Kreuz sterben und die Sünde der ganzen Menschheit auf seine Schultern laden würde.

Jesus besaß einfach göttliche Klarheit, als er Satans Versuchung ausgesetzt war. Warum? – Der Vater hatte ihn zuvor bestätigt, deshalb war ihm klar, *wer* er war und *wessen* er war. Oder anders gesagt: Wenn man das Original kennt, ist das Imitat von keinem Interesse.

In diesem Abschnitt über die Taufe und Versuchung Jesu stellt uns Gott als himmlischer Vater eine der Schlüsselaufgaben vor, der jeder irdische Vater nachkommen sollte: *Jeder Vater hat seine Kinder in ihrer Identität zu bestärken.* Warum? Eines Tages wird der Versucher kommen – in der einen oder anderen Gestalt – und jedes Kind hat „ein Loch in der Seele" in Form seines Vaters. Nun, das ist genau die Stelle, auf die die positive Bestätigung durch einen Vater abzielen sollte. Wenn allerdings ein Vater unfähig oder unwillig ist, sein

Kind dahin gehend zu bestärken und diese Leere auszufüllen, wird sicherlich Satan versuchen, mit irgendeinem Imitat dies auszufüllen, so wie er es bei Jesus versucht hat.

Unsere Nachrichtenschlagzeilen sind voll von Geschichten über Erwachsene und Kinder, die aneinander und an anderen Menschen enormen Schaden angerichtet haben, weil sie nie gehört haben, wie ihr Vater sagte:

„Das ist mein Sohn (meine Tochter), den (die) ich lieb habe und über den (über die) ich mich sehr freue."

Zweifellos weiß jeder Zuhälter, Drogenhändler, Bandenchef und jene, die Ihre Kinder ermutigen, ihren Körper zu verkaufen, wie man sich diese Leere abwesender Väter zunutze macht. Erinnern Sie sich an die Worte des Heckenschützen von Washington, Lee Malvo:

„Er [Muhammad] wusste genau, wie er mich motivieren konnte, wonach ich mich sehnte, was mir fehlte ... Ich konnte gar nicht Nein sagen."

Erfahren Ihre Kinder aber Bestätigung, wissen sie, *wer* sie sind und *zu wem* sie gehören. Dann werden sie sich auf nichts weniger als auf das Original einlassen, und wie Jesus werden sie fähig sein, zur Versuchung des Bösen Nein zu sagen und zu Gottes Willen Ja.

Ein paar Wochen nach Jays Beerdigung rief ich seinen Sohn an, um zu erfahren, wie es ihm ging. Wir sprachen lange über seinen Vater. Dieser junge Mann vermisste seinen

Vater sehr. Als ich ihm zuhörte, wie er sein Herz ausschüttete, konnte ich nicht anders als mich zu fragen, was nun vor ihm liegen würde. Er war dabei, in die stürmischen Teenagerjahre zu kommen, eine Zeit, in der die lenkende Hand eines guten Vaters besonders notwendig ist. Obwohl ich niemals einen Vater ersetzen kann, fühlte ich mich verpflichtet zu tun, was immer ich tun konnte, um diesem jungen Mann dabei zu helfen, erfolgreich durch diese Zeit zu kommen. Ich muss zugeben, dass ich anfänglich ein wenig beunruhigt war. Zum Schluss unseres Gespräches allerdings sagte er etwas, das mir die Zuversicht gab, dass alles gut ausgehen würde. Er sagte: „Mein Vater war für mich ein Held. Sein anerkennender Blick war besser als jede Trophäe, die ich je gewinnen könnte."

In den Jahren vor seinem Tod hatte Jay viel in das Leben seines Sohnes investiert, um sicherzustellen, dass sein Sohn wusste, *wer* er ist und *zu wem* er gehört. Das trug nun erste Früchte und ist nur der Kraft der Bestätigung durch einen guten Vater zu verdanken.

2. Gute Väter sind anwesend

Die meisten Väter sehen sich in der Pflicht, ihre Kinder finanziell versorgen zu müssen. Diese Versorgung ist solch ein als wesentlich verstandener Aspekt des Vaterseins, dass oft der Vater einfach nur zum „Versorger" reduziert wird. Selbst aus der Sicht des Staates gilt ein Vater, der für seine Kinder bezahlt, als ein guter Vater. Überall in unserer Kultur ist diese

Sichtweise verbreitet – mit einigen unglücklichen und unerwarteten Folgen, besonders bei einkommensschwachen, einkommenslosen und geringfügig beschäftigten Vätern. Denn einige dieser Väter glauben tatsächlich, dass sie keine guten Väter sein können und dass sie ihren Kindern nicht wirklich etwas zu bieten haben, wenn sie nicht ein Einkommen in einer bestimmten Höhe haben.

Als ich im Bankwesen gearbeitet habe, habe ich viele Väter gesehen, die ihr Vatersein ausschließlich durch die „Versorger-Brille" sahen. Sie verbrachten unzählige Stunden mit Arbeit – verpassten die großen Meilensteine im Leben ihrer Kinder – und schufteten unter der fehlgeleiteten Auffassung, dass, je mehr Geld sie verdienen, desto bessere Väter sie seien. Paradoxerweise war das Ungleichgewicht zwischen Arbeit und Familie eher ein Hindernis als eine Förderung bei ihren Bemühungen, gute Väter zu sein. In der Tat zeigt eine Untersuchung der National Fatherhood Initiative, dass Väter Verpflichtungen im Zusammenhang mit der Arbeit als größtes Hindernis nennen, das sie davon abhält, die Väter zu sein, die sie eigentlich gern sein wollen.[54]

Doch beim Vatersein geht es weniger um „Präsente", die man mit Geld kaufen kann, als viel mehr um „Präsenz", die durch keinen Geldbetrag ersetzt werden kann. Kinder buchstabieren Liebe mit folgenden Buchstaben: Z...E...I...T.

Als ich zum ersten Mal Vater wurde, hatte ich geradezu eine Erleuchtung im Blick darauf, wie wichtig es für einen Vater ist, die Zeit aus dem Blickwinkel eines Kindes zu sehen. Mein ältester Sohn Jamin war gerade etwa ein Jahr alt, als ich als neuer Marketingleiter bei einer Firma eingearbeitet wurde. Als Teil dieses Prozesses war ich im ersten Jahr mehrfach zu Verkaufs- und Marketing-Lehrgängen etwa drei bis vier Wochen von der Familie weg.

Nach einer dieser Reisen war ich ausgesprochen erstaunt darüber, wie sehr sich mein kleiner Sohn in diesen wenigen Wochen verändert hatte, und ich erkannte: *Kinderzeit und Erwachsenenzeit verhalten sich im Vergleich zueinander völlig anders.* Wenn beispielsweise ein Säugling zwei Tage alt ist und man verpasst einen Tag, dann hat man 50 % seines Lebens verpasst. Für Sie ist hingegen ein Tag nur ein winziger Abschnitt Ihres Lebens. Der Kern ist, dass relativ betrachtet Zeit, die Sie im Leben Ihres Kindes verpassen, für Ihre Kinder viel mehr ins Gewicht fällt als für Sie. Aber die Umkehrung ist ebenfalls wahr. Wenn Sie Ihren Kindern Ihre Zeit widmen, bedeutet das für Ihre Kinder viel mehr, als Sie sich vorstellen können.

Bedenkt man das, stellt sich die Frage, warum so viele Väter, die gute Väter sein wollen, sich eine so enge Sicht dessen zu eigen machen, was Versorgen heißt. Nun, ich bin überzeugt, dass das an einer eingeschränkten Sicht von Matthäus 7,9 liegen könnte, worauf ich weiter oben eingegangen bin. In diesem Vers stellt Jesus einer Gruppe von Vätern eine rhetorische Frage. Er sagt:

„Würde jemand von euch seinem Kind einen Stein geben, wenn es um ein Stück Brot bittet?"

Er fährt fort, indem er sagt, dass diese Väter wissen, wie sie ihren Kindern gute Dinge geben.

Über die Jahre habe ich diesen Vers oft benutzt, um Väter zu ermutigen, gute Väter zu sein – Väter, die ihren Kindern Brot und keine Steine geben. Es ist klar, dass jener Vers dieses wichtige Prinzip veranschaulicht. Jedoch sagt Jesus in Matthäus 4,4 mitten in der Versuchung:

„Der Mensch lebt nicht allein von Brot, sondern von allem, was Gott ihm zusagt!"

Anders gesagt, die Versorgung mit materiellen Gütern ist notwendig, aber nicht alles. Gute Väter tun wie unser himmlischer Vater mehr, weil sie wissen, dass Kinder mehr brauchen. Sie brauchen Väter, die nicht nur *etwas von sich* abgeben. Sie brauchen Väter, die auch *sich selbst* geben.

3. Gute Väter sind emotional nahbar

Seien Sie ehrlich, wenn Sie im Zusammenhang mit Ihrem Elternsein an das Wort *füttern* denken ... wer kommt Ihnen da in den Sinn? Wenn Sie wie die meisten Väter denken, lautet die Antwort: „Mama". Das ist verständlich, denn der Ursprung des Wortes ist ja „mit Futter/Nahrung versorgen", was natürlich an das Bild einer Mutter denken lässt, die ihrem Neugeborenen die Brust gibt. Zudem findet das zumeist, wenn Leute über das Füttern sprechen, im Zusammenhang mit den Aufgaben der Mutter statt. Mehr noch: Elternschaft wird oft nach dem Modell „guter Elternteil – böser Elternteil" verstanden, wobei die Mutter nährt und der Vater straft.

Das Füttern ist allerdings nicht einfach „Frauensache". Füttern umfasst mehr Aspekte, als Sie vielleicht denken, und ich möchte Sie auffordern, darüber nachzudenken, was Füttern im weiteren Sinne bedeutet.

Es bedeutet, *jeden* Aspekt des Wachstums und der Entfaltung des Kindes zu versorgen und daran beteiligt zu sein. Zusätzlich meint es, dass Sie sich vertraut machen mit dem emotionalen Wohl Ihres Kindes. Diese Aufgabe wird nicht einfach an die Mama ausgelagert. Ja, ich weiß, dass die emotionale Welt von Kindern, besonders, wenn sie ins Teenageralter kommen, schwammig, kompliziert und chaotisch sein kann, aber man muss sich „hineinbegeben", wenn man ein guter Vater sein will. Erinnern Sie sich daran, dass es keine Nähe ohne Verletzlichkeit gibt. Und ein Vater ist niemals verletzlicher, als wenn er sein Kind füttert. Letztlich verdeutlicht Maleachi 3,24, dass Gott sich wünscht, dass die Herzen der Väter mit den Herzen ihrer Kinder verbunden sind. Das kann nur geschehen, wenn Väter „Fütterer" sind.

Es gibt zahllose Bibelstellen, in denen Gott als liebender Vater verheißt, uns zu füttern und uns zu begegnen, wo wir ein Bedürfnis haben. So steht z. B. in Psalm 55,23:

„Überlass alle deine Sorgen dem Herrn! Er wird dich wieder aufrichten; niemals lässt er den scheitern, der treu zu ihm steht."

Was für ein hervorragendes Vorbild für Väter! Wenn Ihnen das emotionale Wohl Ihres Kindes anvertraut ist, dann versorgen Sie es während der besonders schwierigen Zeiten in dessen Leben.

Und es gibt eine weitere gute Nachricht. Denn in der Bibel finden sich einige sehr praktische Beispiele dafür, wie wir unsere Kinder „füttern" können, wenn wir uns anschauen, wie Gott, der Vater, seinen Sohn Jesus „fütterte":

Er hörte Jesus zu. In Matthäus 6,9–13 lehrt Jesus seine Jünger, wie sie beten sollen, und gibt ihnen das „Vaterunser". Bevor er ihnen das Gebet gibt, sagt er zu ihnen: „Wenn du beten willst, geh in dein Zimmer, schließ die Tür hinter dir zu, und bete zu deinem Vater. Und dein Vater, der auch das Verborgene sieht, wird dich dafür belohnen" (Matthäus 6,6). Gebet ist in der Tat eine besondere Zeit, in der Gott uns zuhört. Aufgrund der Aussagen Jesu können wir die frohe Gewissheit haben: Wenn wir beten, ist er „ganz Ohr".

Er beschützte Jesus. In seinem Menschsein war Jesus am verletzlichsten, als er ein kleines Kind war. Sie erinnern sich sicher daran, wie König Herodes versuchte, Jesus zu töten, das aber nicht konnte, weil ein Engel des Herrn dem Josef in einem Traum gesagt hatte, dass er Maria und den Säugling Jesus nach Ägypten bringen solle (Matthäus 2). Wie wahr: Väter beschützen ihre Kinder vor leiblichem, seelischem und geistlichem Schaden.

Er tröstete Jesus. Als Jesus in großer Bedrängnis war, weil er wusste, dass er einen schmerzhaften Tod am Kreuz sterben würde, ging er in den Garten Gethsemane, um zu beten. Warum? Weil er Trost fand in der Gegenwart seines Vaters. In der Tat: Väter sind Tröster ihrer Kinder.

Er begegnete Jesus, als er das brauchte. Matthäus 4,1–11 berichtet von der Versuchung Jesu. Er hatte gerade vierzig Tage und Nächte gefastet und war ganz offenbar körperlich völlig erschöpft. Nachdem er allen Versuchungen Satans widerstanden hatte, sagt die Bibel, dass „Engel zu ihm traten und ihm dienten". Bei diesem Dienen geht es um die Versorgung der Bedürfnisse einer Person, und gute Väter suchen nach Möglichkeiten, dies für ihre Kinder tun zu können.

Wenn wir unser Verhalten als Versorger so verstehen, in solchen einfachen und praktischen Taten, ist dies ein sicherer Weg, dass sich die Beziehung zu und mit Ihren Kindern entfalten wird. Es besteht kein Zweifel daran, dass Sie und Ihre Kinder von Herz zu Herz verbunden sein werden, wenn Sie emotional nahbar sind.

Genauso ist auch das Gegenteil richtig. Unangenehme Folgen sind beinahe sicher, wenn ein Vater diesem Verhalten nur geringe Priorität beimisst.

Mit den Jahren in meinem Beruf als Investmentbanker hat es mich wirklich erstaunt, wie sehr einige finanzielle Konzepte den Prinzipien des Vaterseins ähneln. Ein Konzept, das meines Erachtens besonders nützlich ist, ist die Sichtweise, dass Väter regelmäßige „Einzahlungen" auf das „emotionale Bankkonto" ihrer Kinder vornehmen müssen; ein Konzept, das der bereits verstorbene Dr. Stephen R. Covey in seinem Buch *The 8th Habit: From Effectiveness to Greatness*[55] (Die achte Gewohnheit: von Effektivität zu Großartigkeit) bespricht. Denn letztlich ist es wahrscheinlich, dass Sie eines Tages – wenn Ihre Tochter etwa mit dem „falschen Jungen" ausgehen will oder Ihr Sohn sich den Vornamen seiner aktuellen Freundin auf die Stirn tätowieren lassen will – eine hohe „Abbuchung" vornehmen möchten. Deshalb schien es mir angemessen, diesen Abschnitt mit einem fiktiven Gespräch zwischen einem Vater, der es versäumte, in seine Teenagertocher zu „investieren", und seiner Tochter, zu beenden:

(Ort: Papa stürmt in den Eingangsbereich der „Nationalbank des Herzens" seiner fünfzehn Jahre alten Tochter und tritt zügig an ihren Schalter.)

Tochter: „Guten Tag. Was kann ich für dich tun?"

Papa: „Tagchen. Ich möchte ganz dringend einen größeren Betrag abheben!"

Tochter: „Aber gern, der Herr. Kein Problem. Darf ich bitte irgendeinen Ausweis sehen?"

Papa: „Sicher doch!" *(Papa reicht ihr eine Kopie ihrer Geburtsurkunde, in der er als „Vater" aufgeführt ist.)*

Tochter: „Das sieht alles korrekt aus, Papa, Bitte warte eine Minute, ich suche den Kontostand heraus." *(Sie dreht sich von ihm weg und schaut in ihrem Computer nach, dann wird ihr Gesichtsausdruck ziemlich besorgt.)*

Papa: „Gibt es ein Problem?"

Tochter: „Ja, gewissermaßen. Ich sehe hier, dass du zweifellos vor langer Zeit ein Konto eröffnet hast, aber es sieht so aus, als ob darauf kein entsprechendes Guthaben ist, um eine größere Auszahlung vorzunehmen. Wann hast du denn das letzte Mal eine Einzahlung vorgenommen?"

Papa: „Äh, ich erinnere mich nicht. Ich vermute, das ist schon eine Weile her. Weißt du, ich hatte sehr viel Arbeit zu erledigen und solche Sachen. Aber meine Frau hat viele Einzahlungen vorgenommen. Mir schien, dass jedes Mal, wenn ich mich auch nur kurz umdrehte, sie hierherrannte. Offen gesagt, das war so eine Art tägliche Angewohnheit für sie. Kann ich nicht etwas von ihrem Konto abheben – wir sind doch verheiratet?"

Tochter: „Nein, das kannst du leider nicht, weil wir hier keine gemeinsamen Konten führen."

Papa: „Ah, ja … richtig … ich erinnere mich, dass ich das gehört habe. Wie steht es mit einem Darlehen? Kann ich so etwas bekommen?"

Tochter: „Tut mir leid … Wir vergeben keine Darlehen. Du kannst nur abheben, was du eingezahlt hast."

Papa *(wird langsam etwas ungehalten)*: „Nun, das scheint mir aber nicht fair zu sein! Ich habe doch offensichtlich ein Konto … Und, nun ja, ich muss eine Abhebung vornehmen … Kannst du nicht eine Ausnahme machen? Immerhin bin ich doch PAPA."

Tochter: „Papa, tut mir leid … ich kann dir da nicht helfen…"

Papa *(wird noch aufgebrachter, erhebt die Stimme)*: „Also, verflixt noch Mal, ich werde ein Nein als Antwort nicht akzeptieren."

(Die Tochter beginnt sehr frustriert und streng zu blicken und sucht unter der Schalterfläche nach dem Knopf für den Sicherheitsdienst.)

Tochter: „Wie ich schon gesagt habe, ich kann da nichts machen. Du hast bei der Kontoeröffnung die Geschäftsbedingungen erhalten. Wie kannst du erwarten, von einem Guthaben etwas abzuheben, wenn du nicht eingezahlt hast? So funktioniert das hier einfach nicht … Du hättest lediglich kontinuierlich etwas einzahlen müssen … Selbst kleine Beträge wären schön gewesen, denn diese Investition – deine Investition in unsere Beziehung – hätte diese Einzahlungen im Laufe der Zeit zu einem schönen Guthaben anwachsen lassen. Eine Abhebung vorzunehmen, die einem nicht gehört, ist … ähm, Bankraub. Ich muss dich deshalb bitten, nun zu gehen. Oder muss ich erst die Sicherheitsleute rufen?"[56]

4. Gute Väter sind geistlich beteiligt

Im ersten Kapitel dieses Buches habe ich ein wenig davon gesprochen, dass Väter eingebunden sein müssen in das Leben ihrer Kinder, und darüber, wie ihr Mangel an Beteiligung ein Haupthindernis dafür sein kann, dass ihre Kinder zum Glauben an Jesus Christus finden. Nun möchte ich Ihnen ein Modell aufzeigen, wie Väter geistlich in das Leben ihrer Kinder eingebunden sein sollten.

Ich las kürzlich etwas über die Zunahme der Zahl von Menschen, die den Mount Everest besteigen wollen. Augenscheinlich ist das zu einem ziemlich großen Geschäft geworden, weil die Adrenalin-Junkies – jung wie alt, Könner wie Anfänger – nach der Gelegenheit suchen, ihren Körper und ihren Verstand einem ultimativen Test zu unterziehen. Schließlich ist der Mount Everest, der an der Grenze zwischen China und Nepal liegt, mit seinen 8848 Metern über dem Meeresspiegel der höchste Berg der Erde.

Zwei Standardrouten werden von den meisten Bergsteigern benutzt und beide stellen keine besondere technische

Herausforderung dar. Dennoch birgt der Mount Everest eine Anzahl von Gefahren, einschließlich der Temperaturen, die frostig genug sind, um Erfrierungen zu verursachen, und starker Schneestürme. Zusätzlich stehen den Bergsteigern für ihre Unternehmungen nur wenige Monate im Jahr zur Verfügung, mit nur sehr kleinen Zeitfenstern während des Tages, um sicher auf- und absteigen zu können. Aber das Gefährlichste, was die meisten Bergsteiger ihr Leben kostete, ist die Höhenkrankheit. Dieser Zustand, der durch die geringe Sauerstoffkonzentration verursacht wird, kann bereits ab einer Höhe von 2500 Metern über dem Meeresspiegel auftreten. In den schwersten Ausprägungen verursacht er Wassereinlagerungen in der Lunge und das Anschwellen des Gehirns, das einer Person klares Denken unmöglich macht und zu Orientierungslosigkeit führt. Wenn Ihnen das passiert, während Sie auf dem Mount Everest sind, bedeutet das nahezu den sicheren Tod. Denn die anderen Bergsteiger konzentrieren sich darauf, den Gipfel zu erreichen und selbst zu überleben. Sie haben selbst nur begrenzt Sauerstoff übrig und nicht viel Zeit, Ihnen zu helfen. Darüber hinaus haben sie, besonders wenn Sie beim Abstieg ein Problem haben, nicht die Kraft, Sie vom Berg herunterzubringen, ohne dass sie ihr eigenes Leben aufs Spiel setzen.

All dies verdeutlicht, was dem Bergsteiger David Sharp passierte. Bei Sharps drittem Aufstiegsversuch 2006 überwältigte ihn wohl nach dem Gipfelerlebnis während des Abstiegs die Erschöpfung und ihm ging der Sauerstoff aus. Mindestens vierzig Bergsteiger gingen an ihm vorbei, aber keiner unternahm den Versuch, ihn zu retten. Allein, ohne

Sauerstoff und aufgrund schwerer Erfrierungen starb er in einer Höhle neben dem als „Green Boots" bekannten Leichnam des 28-jährigen indischen Bergsteigers Tsewang Paljor, dessen dort belassener gefrorener Körper zehn Jahre lang sowohl als Wegmarke wie auch als Warnung dafür diente, was schlecht vorbereiteten Kletterern geschehen kann.[57]

Dass selbst erfahrenste Bergsteiger es nicht wagen, den Mount Everest allein zu besteigen, überrascht daher nicht. Sie heuern spezielle Führer, genannt „Sherpas", an. Die Sherpas sind ein besonderes Volk, das seit Generationen die Khumbu-Region mit dem Nationalpark, der den Everest umgibt, bewohnen. Weil sie schon so lange in diesem Gebiet leben, haben sie die Fähigkeit entwickelt, mit der sehr großen Höhe körperlich gut zurechtzukommen. Während die meisten Menschen ab einer Höhe von ca. 2500 Metern unter Sauerstoffmangel leiden, besitzen sie eine erstaunliche Ausdauer bis zu einer Höhe von 7000 Metern. Weil die Sherpa-Führer den beschwerlichen Aufstieg viele Male gemacht haben, sind sie Fachleute, wenn es darum geht, die Wetterverhältnisse einzuschätzen und den bestmöglichen Aufstiegszeitpunkt zu wählen. Zudem sind die Sherpas erfahren darin, auf die „Green Boots" und Gefahren hinzuweisen, weil sie sich sehr der Folgen bewusst sind, die jene erwarten, die ihren Warnungen nicht Folge leisten. (David Sharp heuerte damals keinen Sherpa an. Er entschied sich dafür, alleine zu klettern.[58])

Aber die Sherpa-Führer vermögen noch etwas Weiteres, das erstaunlich ist. Mit ihren einzigartig trainierten und erfahrenen Augen können sie denen, die sich in ihre Fürsorge begeben haben, helfen, zu pausieren und die Schönheit des Mount Everest in sich aufzunehmen. Denn dieser Berg ist nicht nur gefährlich. Er ist auch eine Augenweide mit seinen vielen, atemberaubenden Gipfeln, Ausblicken und Tälern, die man nur von seinen Höhen aus sehen kann. Deshalb werden so viele von ihm angezogen und sind bereit, Kopf und Kragen zu riskieren, um ihre persönliche Flagge auf seinem Gipfel zu setzen.

Als ich all das über den Mount Everest und die Sherpa-Führer erfahren hatte, sah ich darin ein fantastisches Bild für Väter, die versuchen, am Leben ihrer Kinder geistlich beteiligt zu sein. Elternsein hat viel gemeinsam mit der Besteigung des Mount Everest; Kinder brauchen ihre Väter so wie unerfahrene Bergsteiger die Sherpas. Sie brauchen jemanden in ihrem Leben, der sie führt und ihnen hilft, Gefahren und unweise Entscheidungen im Leben zu meiden. Aber sie brauchen ihre Väter auch, um die Wunder schätzen zu lernen, die sie auf ihrem Anstieg erwarten, hin zur Erfüllung des Zieles Gottes mit ihrem Leben. Gute Väter sollten daher stets „führende Väter" sein.

Aber da gibt es ein Problem.

Obwohl die Sherpas in großer Höhe geboren werden, was sie auf ganz besondere Weise dafür vorbereitet, gute Führer zu sein, werden Väter nicht schon „akklimatisiert" geboren, um geistliche Leiter ihrer Kinder zu sein. Sie können die geistliche Höhenlage einer engen Beziehung zu Gott nur erreichen, indem sie selbst ein an Gott hingegebenes Leben führen. Nur so kann ein Vater wirklich die Weisheit und Umsicht erlangen, die nötig sind, um seine Kinder sicher durchs

Leben zu begleiten. Ohne Weisheit von Gott wird ein Vater nur ein schlecht ausgerüsteter und unvorbereiteter blinder Führer sein, der nicht in der Lage ist, die geistlichen Gefahren zu erkennen, die seine Kinder meiden müssen. Er wird auch nicht fähig sein, seinen Kindern dabei zu helfen, die Segnungen Gottes auf den Gipfeln und in den Tälern des Lebens zu erkennen.

Wenn also ein Vater wirklich geistlich beteiligt ist und seine Kinder in der Nachfolge anleiten will, sollte er Folgendes tun:

Führen Sie eine hingegebene Beziehung zu Gott. Ein Vater muss „praktizieren, was er predigt", und regelmäßig Zeit mit Gott im Gebet und beim Lesen der Bibel verbringen. So wie Paulus Timotheus ermahnt: *„Denn die ganze Heilige Schrift ist von Gott eingegeben. Sie soll uns unterweisen; sie hilft uns, unsere Schuld einzusehen, wieder auf den richtigen Weg zu kommen und so zu leben, wie es Gott gefällt. So werden wir reife Christen und als Diener Gottes fähig, in jeder Beziehung Gutes zu tun"* (2. Timotheus 3,16–17). Gebet und das Lesen in der Bibel können angesichts der Vielzahl der Ablenkungen im Leben eine tägliche Herausforderung sein, aber Sie können nicht weitergeben, was Sie nicht haben, und Sie können Ihre Kinder nicht auf einem geistlichen Weg führen, den Sie selbst nie eingeschlagen haben.

Beten Sie täglich für und mit Ihren Kindern. Epheser 6,12 sagt: *„Denn wir kämpfen nicht gegen Menschen, sondern gegen Mächte und Gewalten des Bösen, die über diese gottlose Welt herrschen und im Unsichtbaren ihr unheilvolles Wesen treiben."* Ein Vater darf nicht vergessen, dass in der unsichtbaren

Welt ein Krieg im Gange ist und dass das Gebet die wichtigste Waffe in seiner Waffenkammer ist. Erinnern Sie sich daran, dass es einen Bösen gibt und eine Kultur, die nichts lieber möchte, als Ihre Kinder über eine Klippe zu führen.

Leben Sie beispielhaft vor, was Sie an Ihren Kindern sehen möchten. Der Ansatz „Tut, was ich sage, nicht, was ich tue" hat noch nie funktioniert. Das wäre Heuchelei, und Kinder nehmen das unbeirrbar wahr. Erinnern Sie sich, dass Ihre Kinder viel wahrscheinlicher „sein werden, was sie sehen". Deshalb ist das wichtigste Verhalten, das Sie vorleben müssen, die Liebe, die nicht allein Ihren Kindern und Ihrer Familie gilt, sondern auch Menschen, die Sie vielleicht nicht mögen.

„Selbst wenn ich all meinen Besitz an die Armen verschenke und für meinen Glauben das Leben opfere, aber ich habe keine Liebe, dann nützt es mir gar nichts. Liebe ist geduldig und freundlich. Sie ist nicht verbissen, sie prahlt nicht und schaut nicht auf andere herab. Liebe verletzt nicht den Anstand und sucht nicht den eigenen Vorteil, sie lässt sich nicht reizen und ist nicht nachtragend. Sie freut sich nicht am Unrecht, sondern freut sich, wenn die Wahrheit siegt. Liebe ist immer bereit zu verzeihen, stets vertraut sie, sie verliert nie die Hoffnung und hält durch bis zum Ende. Die Liebe wird niemals vergehen. Einmal wird es keine Prophetien mehr geben, das Reden in unbekannten Sprachen wird aufhören, und auch Erkenntnis wird nicht mehr nötig sein." 1. Korinther 13,3–8

Setzen Sie geistliche „Wegzeichen", die Ihren Kindern helfen, auf dem Weg zu bleiben. Wenn Bergsteiger den beschwerlichen

Aufstieg am Everest unternehmen, gibt es dort viele Wegzeichen und Orientierungspunkte, die sie als Hilfe benutzen können, damit sie auf dem richtigen Weg zum Gipfel
bleiben. Einige Wegzeichen, wie „Green Boots", sind ziemlich schmerzlich, andere wie gesetzte Flaggen sind Zeichen
der Hoffnung und Quellen enormer Ermutigung, besonders
dann, wenn Bergsteiger müde sind. In 1. Samuel 7,1–13 berichtet die Bibel davon, wie die Israeliten sich vor dem heran-
ziehenden Heer der Philister fürchteten. Alles schien verloren,
aber Gott befreite sie. Als Zeichen dieser Befreiung richtete
Samuel einen besonderen Stein auf, der „Eben-Eser" genannt
wurde. Er wollte, dass die Israeliten niemals vergessen sollten,
dass „uns bis hierher der Herr geholfen hat" (V. 12).

Ich glaube, dass Samuels Tun ein großartiges Beispiel für
Väter ist. Ich kenne tatsächlich einen Vater, der Steine kauft
und auf ihnen bedeutsame Daten und Ereignisse eingraviert,
bei denen Gott die Bedürfnisse seiner Familie gestillt hat. Er
sagte mir, dass er sichtbare Erinnerungen für seine Kinder
möchte, damit sie wissen, dass es einen Gott gibt, der ihnen
immer helfen wird.

5. Gute Väter lieben das verlorene Kind und gehen ihm nach

Kürzlich las ich einen Artikel in der Zeitschrift *Christianity
Today*, in dem ein Interview mit dem Pastor und Schriftsteller John Piper wiedergegeben wurde, der seine Gedanken
zur Bedeutung von Versöhnung darlegte. Zum Schluss des

Interviews sprach er davon, wie sein 19-jähriger Sohn sich vom christlichen Glauben abgewandt hatte. Er sagte:

„Ich bin ihm immer wieder nachgegangen, habe ihm fast jeden Tag eine E-Mail geschickt, habe ihn jedes Mal, wenn er in der Stadt war, zum Essen eingeladen und habe versucht, ihn nicht anzupredigen. Alles in mir wollte dieses Kind zurückgewinnen."[59]

Während ich John Pipers Worte las, wurde ich an das Gleichnis vom verlorenen Sohn in Lukas 15,11–32 erinnert. Es geht um einen Vater, der zwei Söhne hatte, und eines Tages kam der jüngere Sohn zu seinem Vater und bat um sein Erbe. Der Vater stimmte zu und zum Bedauern des Vaters verließ der jüngere Sohn das Zuhause. Und wie bei Piper wollte alles in diesem Vater den Sohn zurückhaben.

Im Laufe der Jahre habe ich viele Predigten über dieses Gleichnis gehört, und alle benutzten es, um aufzuzeigen, wie sehr unser himmlischer Vater uns liebt und sich wünscht, uns wieder mit ihm zu versöhnen, unabhängig davon, was wir getan haben. Die Bibel sagt, dass „wir alle gesündigt haben und nichts aufzuweisen haben, was Gott gefallen könnte" (Römer 3,23). Deshalb sind wir alle Verlorene. Doch als Vater konnte ich nicht anders, als darüber nachzudenken, wie es sich angefühlt haben muss, ein Kind zu haben, das man liebt und das einen selbst und alles, was man wertschätzt, im Grunde zurückweist. Wissen Sie, der verlorene Sohn schätzte, was der Vater hatte, aber er schätzte nicht, wer sein Vater war und was sein Vater schätzte. Wie

John Pipers Sohn war der verlorene Sohn einer, der nicht glauben wollte.

Nun, ich spreche das an, weil ich in den vorherigen Abschnitten geschrieben habe, was ein guter Vater tut. Als Männer mögen wir Systeme, Formeln und Gleichungen, die gelöst werden können, damit man die richtige Antwort und eine bestimmte klar umrissene Lösung erhält. Deshalb gehen wir so leicht in die Falle, zu glauben, dass wir nur bestimmten Schritten folgen müssen, und unsere Kinder werden garantiert zu dem, was wir uns für sie vorgestellt haben. Das ist eine logische Schlussfolgerung. Aber leider funktioniert selbst bestes Vatersein nicht so. Schauen Sie sich das nur einmal in der Bibel an: Der Vater im Gleichnis vom verlorenen Sohn steht für Gott, den besten und vollkommen guten Vater. Dennoch weist ihn sein Sohn zurück und geht seinen eigenen Weg.

Sollten Väter also verzweifeln? Natürlich nicht. Vor Jahren sagte mir ein weiser Christ etwas, das ich niemals vergessen werde. Er sagte:

„Du kümmerst dich um das Bemühen und Gott wird sich um das Ergebnis kümmern."

Im Blick auf das Vatersein bedeutet dies, dass ein Vater nur sicherzustellen hat, dass er treu sein Bestes tut, um Sprüche 22,6 nachzukommen und seine Kinder auf den Wegen zu erziehen, die sie gehen sollen, damit sie nicht von diesen abweichen, wenn sie älter sind.

Außerdem bin ich überzeugt, dass Gott dafür gesorgt hat, dass diese Geschichte in die Bibel kam, weil durch sie eine wichtige Wahrheit für Väter veranschaulicht wird. Manchmal mag sich ein Kind entgegen der größten Anstrengungen eines Vaters dafür entscheiden, einen unweisen Weg einzuschlagen. Als Gott den Menschen schuf und ihm einen freien Willen gab, wusste er, dass er dem Menschen mit der Fähigkeit, *zu ihm hin*zulaufen, auch die Fähigkeit gab, *von ihm weg*zulaufen. Das gilt auch für jeden Vater, der ein Kind in die Welt setzt.

Unser himmlischer Vater möchte, dass wir ihn lieben. Aber man kann niemanden wirklich lieben, wenn man nicht auch die Freiheit hat, ihn nicht zu lieben.

Ich glaube, dass Gott diesen Abschnitt auch deshalb in der Bibel platziert hat, damit er als Beispiel zweier wichtiger Prinzipien dient, an die sich Väter erinnern sollen, wenn sie ein „verlorenes" Kind haben. Das erste Prinzip verdeutlicht, dass ein Vater unerschütterlich seine Liebe zeigen soll. Zweifellos kann es sehr schwierig sein, weiterhin Liebe zu zeigen, wenn ein Kind sich schlecht verhalten hat, wenn es Sie und viele der Werte, die Sie als heilig betrachten, zurückgewiesen hat. Aber 1. Korinther 13,1 macht deutlich, dass die Worte, die Sie zu Ihrem verlorenen Kind ohne Liebe sprechen, ihm wie „ein tönendes Erz und eine klingende Schelle" vorkommen werden.

Doch Liebe trägt alles, glaubt alles, hofft alles und erträgt alles. Ein solcher Vater steht wie im Gleichnis vom verlorenen Sohn früh am Morgen auf – Tag für Tag – und sucht jeden Morgen den Horizont hoffnungsvoll ab, dass genau heute der Tag sein könnte, an dem sein Kind nach Hause kommt. Ein Vater kann nur dann so handeln, wenn er unerschütterlich sein verlorenes Kind liebt.

Das zweite Prinzip ist die Auffassung, dass den daheimgebliebenen Kindern geholfen werden muss, die richtige Lektion aus dem Verhalten des verlorenen Sohnes zu lernen. Wenn sich die Geschichte vom verlorenen Sohn beispielsweise in einer heutigen Umgebung abspielte, würde der verlorene Sohn immer wieder Updates auf Facebook, YouTube und Twitter posten mit Bildern und Videos, die Ihren anderen Kindern zeigten, wie viel Spaß er hat. Dieses Verhalten würde mit Sicherheit eine von zwei Reaktionen auslösen. Entweder würde es Ihre Kinder in Versuchung führen, seinen Fußstapfen zu folgen, oder es würde Feindseligkeit und Neid gegenüber dem verlorenen Kind erzeugen und die Herzen Ihrer anderen Kinder mit selbstgerechtem Stolz erfüllen. Sie wissen, dass diese letztere Reaktion genau das war, was dem älteren Bruder im Gleichnis vom verlorenen Sohn passierte. Als der liebende Vater ein Fest veranstaltete, um die Rückkehr seines jüngeren Sohnes zu feiern, wurde der ältere Bruder wütend auf seinen Vater. Der ältere Bruder muss den Eindruck gehabt haben, dass er ein riesiger „Trottel" gewesen ist, weil er über Jahre das Richtige getan hatte, während sein Bruder durchgefeiert hat. Es lag für ihn der Schluss nahe, dass er umsonst gearbeitet hatte.

Deshalb war es ganz entscheidend, wie der Vater auf den älteren Bruder reagieren würde. Er hatte sich daran zu erinnern, dass unser Kampf nicht gegen Fleisch und Blut bestritten wird. Es gibt einen Bösen, der stehlen, töten und zerstören will. Er will Ihnen Ihren Glauben und Ihre Kinder stehlen, die Beziehung zu ihnen wie auch die Einheit zerstören, die zwischen Ihnen und Ihren Kindern besteht.

Es ist klar, dass sich der Vater in der Geschichte vom verlorenen Sohn sehr wohl der innerfamiliären Dynamik bewusst war, die da ablief. Er musste auf den älteren Bruder in einer Weise reagieren, die ihn bestätigte und dennoch Liebe zu seinem missratenen Bruder demonstrierte. Mehr noch, seine Antwort durfte nicht den Eindruck hinterlassen, dass Sünde ohne Folgen bleiben würde. Schauen Sie einmal genau hin, was der Vater sagt:

„Sein Vater redete ihm zu: ‚Mein Sohn, du bist immer bei mir gewesen. Was ich habe, gehört auch dir. Darum komm, wir haben allen Grund zu feiern. Denn dein Bruder war tot, jetzt hat er ein neues Leben begonnen. Er war verloren, jetzt ist er wiedergefunden!'" Lukas 15,31–32

Seine Worte spiegeln das vollkommene Gleichgewicht zwischen Gerechtigkeit und Barmherzigkeit wider. Denn als er seinem Sohn sagte: „Alles, was mein ist, das ist dein", erinnert er den älteren Sohn daran, dass der jüngere sein Erbe verloren hat, somit hatte sein Verhalten eine gerechte Folge. Und zugleich erinnert er den älteren Bruder an ein Prinzip:

„Werdet nicht müde, Gutes zu tun. Es wird eine Zeit kommen, in der ihr eine reiche Ernte einbringt. Gebt nur nicht vorher auf!" Galater 6,9

Zudem bietet der Vater dem älteren Bruder auch ein Beispiel für die Bedeutung der Barmherzigkeit, wozu er nicht in der Lage gewesen wäre, wenn er nicht wirklich eine ausdauernde

Liebe für den jüngeren Sohn gehabt hätte. (Aus diesem Grund ist es so entscheidend, dass die eigene Liebe zum verlorenen Kind lebendig gehalten wird!) Barmherzigkeit zeigt Mitleid und Freundlichkeit gegenüber dem Beleidigenden oder einer anderen Person, die man in der Hand hat. Angesichts der innerfamiliären Dynamik und dessen, was der jüngere Sohn getan hatte, hätte der ältere Sohn ganz offensichtlich die Situation dominieren können; deshalb wollte der Vater vorbildhaft verdeutlichen, wie er seinen jüngeren Bruder behandeln sollte, wenn der Vater gestorben sein würde, ganz ähnlich, wie Christus uns vorgelebt hat, wie wir einander behandeln sollen, nachdem er weggegangen sein würde. Wissen Sie, dieser weise und liebende Vater wollte nicht nur seinen jüngeren Sohn wieder mit sich selbst zurechtbringen; er versuchte zugleich, die Beziehung zwischen den beiden Brüdern wiederherzustellen, denn das ist es, was gute Väter tun. *Die Liebe hofft alles.*

Nun, an diesem Punkt fragen Sie sich vielleicht, was aus John Pipers Sohn geworden ist. Zu Gottes Ehre lautet die gute Nachricht, dass sein verlorener Sohn ebenfalls nach Hause zurückgekehrt ist. Im Interview sagte Piper: „Er kam vier Jahre später zum Herrn zurück und wir feierten in der Gemeinde einen wirklich wunderbaren Heimkehrgottesdienst. Er heulte sich die Augen aus vor der Gemeinde und war wieder bei uns."[60]

Die Liebe hofft wirklich alles. Und erinnern Sie sich daran, dass sich die Liebe an der Wahrheit erfreut. Und dass sie niemals endet.

6. Gute Väter versuchen, die Vaterlosen zu erreichen

Gott kümmert sich wirklich um die Vaterlosen. Abhängig davon, welche Bibelübersetzung man liest, ist das Wort *vaterlos* über vierzig Mal in der Bibel erwähnt. Gott wird in Psalm 68,6 sogar als der „Vater der Vaterlosen" beschrieben. Mehr noch, 5. Mose 10,18 sagt, dass Gott „Recht schafft dem Vaterlosen". Wenn Gott – der eigentliche gute Vater, den jeder Vater als Vorbild haben sollte – sich so sehr um die Vaterlosen kümmert, dann sollte jeder Vater, der ein guter Vater sein will, das auch tun. Dementsprechend hat Gott mir aufs Herz gelegt, dass ein guter Vater seine eigenen Kinder versorgt, nährt und leitet *und* dass er von sich aus versucht, Vorbild und Mentor für andere Kinder zu sein, denen die Liebe und der Halt eines Vaters fehlen.

Es gibt ein wunderbares Beispiel für dieses Prinzip im Leben von David, das in 2. Samuel 9 erzählt wird. David und Jonatan, König Sauls Sohn, waren Freunde, sogar so sehr, dass Jonatan unter Einsatz seines eigenen Lebens versuchte, David zu beschützen, als Saul David töten wollte. Jonatan wurde schließlich in einer Schlacht getötet und hinterließ einen Sohn mit Namen Mefi-Boschet, der verkrüppelt war. Als David König wurde, fand er diesen jungen Mann und übergab ihm alles, was Saul gehört hatte. Zudem verfügte er, dass Mefi-Boschet von nun an am Tisch des Königs essen dürfe. Sicher hatte David Fehler in der Behandlung seiner Söhne Amnon und Absalom gemacht, aber in diesem Fall zeigte David wirklich, dass er ein Mann nach dem Herzen

Gottes war, indem er für den vaterlosen Mefi-Boschet zum Vater wurde.

Vor einigen Jahren fand ich einen Ausdruck, der das Prinzip widerspiegelt, dem David hier folgte. Ich nannte es „Doppel-Dienst-Papi". In unserer Initiative entwickelten wir dazu tatsächlich ein kostenloses Programm, das so konzipiert ist, dass es Vätern hilft, diesen wichtigen Aspekt des Vaterseins umzusetzen.[61] Warum? Weil Doppel-Dienst-Papis heute mehr denn je gebraucht werden. Heute Abend werden in den USA wieder 25 Millionen Kinder – eines von zwei Kindern – in einem Zuhause zu Bett gehen, in dem kein Vater wohnt. Mehr noch, nach einer Aussage der National Mentoring Partnership (Landesweite Partnerschaftberatung) brauchen beinahe 18 Millionen Kinder Betreuung, wobei nur 3 Millionen Betreuung erhalten können.[62] Und die große Mehrzahl der Betreuer sind Frauen.

Sie sagen nun wahrscheinlich: „Ich habe mit meinen eigenen Kindern bereits alle Hände voll zu tun … Wie könnte ich mich da ernsthaft verpflichten, jemandes anders Kind zu betreuen?" Nun, das ist das Schöne am Doppel-Dienst-Papi-Konzept. Sie müssen sich nirgendwo schriftlich verpflichten. Sie müssen nicht „überall herumsuchen", um ein Kind positiv zu beeinflussen, sondern Sie brauchen nur wie David innerhalb Ihres eigenen Umkreises die Augen offen zu halten. Das vaterlose Kind, dem Sie sich zuwenden, könnte eine Nichte oder ein Neffe sein, ein Kind in der Nachbarschaft, in der Jugendgruppe Ihrer Kirche oder ein Kind im Sportteam Ihrer Kinder, das Sie trainieren. Wenn solch ein Kind in Ihrer Nähe wohnt, können Sie es unkompliziert und ganz bewusst zu den Aktivitäten einladen, die Sie ohnehin mit Ihren Kindern unternehmen. Wenn es weiter weg wohnt, sind ein wöchentlicher Anruf oder regelmäßige kleine Nachrichten der Ermutigung für Sie relativ leicht durchführbar – für ein verletztes Kind ohne Vater bedeutet das aber so viel mehr.

Erinnern Sie sich daran, wie John Muhammad in der Lage war, den jungen Lee Malvo unter seinen todbringenden Einfluss zu bringen. Kinder, die keinen Doppel-Dienst-Papi haben, sind eine leichte Beute für „doppelt gefährliche Väter". Entsprechend gilt, dass schon ein kleiner Dienst von Ihnen das Leben eines Kindes langfristig positiv verändern und das Leben zahlloser Menschen retten kann, was Sie wohl nie erfahren werden.

Am Anfang dieses Kapitels habe ich erwähnt, dass mein guter Freund Jay ganz plötzlich verstorben ist und einen 12-jährigen Sohn hinterlassen hat. Ich habe mich verpflichtet, ein Doppel-Dienst-Papi für diesen Jungen zu sein. Denken Sie darüber nach. Er gehört zu meinem Umfeld, und es besteht ein ganz besonderes Verhältnis zwischen uns, das mir ermöglicht, in sein Leben hineinzusprechen und ihm auf seiner wichtigen Reise zu helfen, ein Mann zu werden. Natürlich meine ich damit nicht, dass ich versuche, seinen Vater zu ersetzen. Das kann ich nicht und niemand anderes. Aber als Vater kann ich ihm nichtsdestotrotz zeigen, wie die Liebe eines Vaters aussieht und sich anfühlt.

Ich selbst bin seit fast drei Jahrzehnten Vater und die Fähigkeiten, die ich mir angeeignet habe, sind übertragbar auf diese Beziehung zu Jays Sohn. Ich habe selbst aus den

Fehlern, die ich gemacht habe, gelernt, und Jays Sohn wird von diesen Lektionen profitieren. Mehr noch, Untersuchungen legen nahe, dass solche begleitend stattfindende Beziehungen über einen längeren Zeitraum – von mindestens einem Jahr – unterhalten werden müssen, ehe sie wirkungsvoll sind.[63] Zudem ist es äußerst hilfreich, wenn der Begleiter eine gute Beziehung zu der vorrangig betreuenden Person hat, die üblicherweise die Mutter des Kindes ist. In meinem Fall kenne ich Jays Witwe seit vielen Jahren und sie unterstützt mein Engagement, Zeit mit ihrem Sohn zu verbringen, sehr.

Die Quintessenz lautet, dass Doppel-Dienst-Papa zu sein, etwas ist, das jeder Vater sein kann, und ich bin überzeugt, dass das Begleiten von Vaterlosen etwas ungemein Wertvolles ist. Stellen Sie sich nur vor, was in unseren Kirchen, Schulen, Nachbarschaften und Gemeinden geschehen könnte, wenn sich viele gute Väter auf diese Weise zu den vaterlosen Kindern aufmachen würden! Schließlich hat jeder gute Vater etwas, das jedes vaterlose Kind ganz dringend benötigt. Sie haben eine Vielzahl an Erfahrungen, die für Ihre eigenen Kinder unschätzbar waren. Zusätzlich können Sie allein schon dadurch, dass Sie ein vaterloses Kind ganz bewusst in einige Ihrer Aktivitäten einschließen, die Sie mit Ihren eigenen Kindern unternehmen, dabei helfen, den langfristigen Kreislauf der Abwesenheit von Vätern und deren negative Folgen zu durchbrechen, denen sich vaterlose Kinder überproportional stark ausgesetzt sehen. Ein Doppel-Dienst-Papa ehrt Gott, indem er ein Vorbild bietet, was es bedeutet, ein engagierter, verantwortungsbewusster und hingebungsvoller frommer Vater zu sein – jemand, der einen Jungen inspirieren kann, wie er zu sein, und der ein Mädchen inspirieren kann, nach einem ihm ähnelnden Ehemann und Vater ihrer Kinder zu suchen.

🔍 Zum Nachdenken

Sie haben wahrscheinlich bemerkt, dass dieses Kapitel zur Frage, wie ein guter Vater sein soll, das längste im Buch ist. Das ist kein Versehen. Ich wollte sicherstellen, dass Sie verstehen, dass Sie sich nicht anhand der Fehler „schlechter Väter" definieren müssen. Jeder Vater macht Fehler. Sie beeinflussen aber nicht, wer Sie sind. Sie sind nur etwas, das Sie getan haben. Wenn Sie also einige dieser Fehler gemacht haben, sollten Sie nicht den Mut verlieren. Sie sollten aus Ihren Fehlern lernen und sich fest vornehmen, als „guter Vater" voranzukommen.

Viele der Väter, die in diesem Buch vorgestellt wurden, wissen genau, dass wir dem „Gott der zweiten Chance" dienen, der uns beisteht, um uns zu helfen, die Väter zu werden, die wir sein möchten. Wir müssen uns stets daran erinnern, dass unser Vatersein verwandelt werden kann durch die Erneuerung unseres Strebens und durch die neuerliche Hingabe daran, Gottes Prinzipien zu folgen.

Nun möchte ich Sie bitten, sich ein paar Augenblicke Zeit zu nehmen und die Liste der sechs Dinge durchzugehen, die gute Väter tun. Welcher der Punkte gelingt Ihnen bereits gut? Welcher stellt Sie vor die größte Herausforderung?

- Gute Väter bestätigen ihre Kinder.
- Gute Väter sind körperlich anwesend.
- Gute Väter sind emotional nahbar.
- Gute Väter sind geistlich beteiligt.
- Gute Väter lieben das verlorene Kind und gehen ihm nach.
- Gute Väter versuchen, die Vaterlosen zu erreichen.

♥ Verändern Sie Ihr Vatersein

Nachdem Sie über die Liste nachgedacht haben, möchte ich Sie nun bitten, sich dem Bereich zuzuwenden, der für Sie die größte Herausforderung ist. Listen Sie bitte drei konkrete Dinge auf, die Sie in dieser Woche tun möchten, um diesen Punkt anzugehen. Dann möchte ich Sie bitten, dasselbe für jeden der anderen Bereiche zu tun, die Sie als Herausforderung aufgeschrieben haben.

Wenn Sie also etwa die geistliche Entwicklung Ihrer Kinder an deren Mutter abgegeben haben, dann ändern Sie diesen Punkt jetzt.

Wenn Sie ein Kind auf Abwegen haben, dem Sie nicht nachgegangen sind, dann ändern Sie diesen Punkt jetzt.

Und wenn Sie sich bisher nicht darum bemüht haben, ein vaterloses Kind in Ihrem Umfeld zu erreichen, dann ändern Sie das jetzt.

Epilog

Löcher und verwundete Seelen

Als mein ältester Sohn Jamin dem Krabbelalter entwuchs, wurde es für mich schwierig, ihn in die Arme zu nehmen und zu küssen. Ich war mir nicht wirklich sicher, warum das so war. Aber aus irgendeinem Grund fühlte ich mich dabei komisch und … einfach eigenartig. Ich entschloss mich, darüber mit meiner Ehefrau Yvette zu sprechen. Sie hörte mir aufmerksam zu, während ich mein Dilemma vor ihr ausbreitete. Als ich fertig war, sagte sie, ohne zu zögern, einfach nüchtern: „Nun, du musst dir selbst einfach einen Ruck geben und es tun, weil er das braucht …" Und so machte ich es. Ich umarmte und umarmte und küsste und küsste. Und eigenartigerweise merkte ich: Je mehr ich das tat, umso weniger eigenartig fühlte es sich an. Das ging so weit, dass mein nun 23-jähriger Sohn und sein 28-jähriger Bruder Justin noch immer regelmäßig „einen feuchten Schmatz" auf die Stirn bekommen und eine Umarmung von „Papa-Bär" – oder auch zwei.

Vor einigen Jahren dachte ich darüber nach, was damals in mir vorgegangen war, und kam zu folgendem Schluss: Erstens, dieses Umarm- und Küss-Ding war nichts für mich, weil ich selbst ohne Vater aufgewachsen war. Ich erkannte, dass es schwierig ist, etwas zu sein, was man nicht gesehen hat, und dass es schwierig ist, etwas zu geben, was man selbst nicht erfahren hat. Und in meinem Fall hatte ich diese Art väterlicher Zuneigung einfach nicht erlebt, und so fiel es mir schwer, sie an meinen eigenen Sohn weiterzugeben. Wäre da nicht meine vorausschauende und überzeugende Ehefrau gewesen, hätte ich vermutlich Ähnliches weitergegeben, was ich selbst durch meinen abwesenden Vater erfahren habe.

Zweitens habe ich erkannt, dass Kinder ein „Loch in ihrer Seele" haben, das den Umriss ihres Vaters hat. Und wenn Väter nicht fähig oder willens sind, mit ihren Kindern körperlich, emotional und geistlich in Verbindung zu treten, kann das eine Wunde hinterlassen, die nicht leicht zu heilen ist. Zugegebenermaßen hatte ich selbst den größten Teil meines Lebens eine verwundete Seele. Ehrlich gesagt war die Schwierigkeit, meinem Sohn die so dringend nötige Zuneigung zu zeigen, die Folge einer unverheilten Wunde, die durch das jahrelange Gefühl entstanden war, abgelehnt bzw. wertlos zu sein. Mit den Jahren hatte ich gelernt, diese Gefühle zu verdrängen, so als ob sie nicht bedeutsam seien, was sie aber offenbar doch waren.

Interessanterweise war es die Annahme meiner Rolle als Vater, die mir dabei half, heil zu werden. Sie verlangte von mir, nicht nur meine Söhne zu lieben, sondern auch mich selbst. Und mir wurde klar, dass ich meine Kinder nicht wirklich lieben konnte – nicht so, wie Gott es von mir wollte und er mir aufgetragen hatte –, solange ich nicht einige Dinge bei mir selbst in Ordnung brachte.

Schließlich bemerkte ich, dass etwas Interessantes geschah, als ich meinen Sohn umarmte und küsste. Er umarmte und küsste mich zurück, selbst als ich das von ihm nicht erwartete. Es war so, als ob er es genauso sehr brauchte, Zuneigung zu zeigen, wie sie zu empfangen. Und als Kind war es bei mir genauso gewesen, und ich vermute, dass ich etwas Spezielles vermisst hatte, weil ich nicht diese Gelegenheit mit meinem Vater hatte.

In den letzten Jahren traf ich viele andere verwundete Seelen – Erwachsene und Kinder –, die sich nach der besonderen Liebe sehnen, die nur ein guter Vater zu geben vermag. In der Tat trage ich dieselbe Bürde wie diese Menschen. Sie treibt mich an, so viele Väter wie möglich zu erreichen, auch wenn das Geld knapp ist und die Tage zu kurz sind. Denn letztlich ist die am leichtesten zu heilende Wunde diejenige, die einem nicht beigebracht wurde.[64]

Quellen

1 The Barna Group, „The Spirituality of Moms Outpaces That of Dads"
(Die Spiritualität der Mütter übertrifft die der Väter), 7. Mai 2007.
http://www.barna.org/family-kids-articles/104-the-spirituality-of-
moms-outpaces-that-of-dads?q=2007.

2 Robbie Low, „The Truth about Men and Church" (Die Wahrheit über
die Männer und die Kirche), Juni 2003. http://www.touchstonemag.
com/archives/article.php?id=16-05-024-v.

3 National Fatherhood Initiative, *Father Facts*, 6. Auflage, Germantown, Md.: National Fatherhood Initiative, 2011, S. 23.

4 National Fatherhood Initiative, *Pop's Culture: A National Survey of
Dads' Attitudes on Fathering*, Germantown, Md.: National Fatherhood Initiative, 2006, S. 2–3.

5 National Fatherhood Initiative, *Mama Says: A National Survey of
Mothers' Attitudes on Fathering*, Germantown, Md.: National Fatherhood Initiative, 2009, S. 27.

6 Jonetta Rose Barras, *Whatever Happened to Daddy's Little Girl?*, New
York: Random House, 2000, S. 1.

7 Katy Butler, „Beyond Rivalry, a Hidden World of Sibling Violence"
(Hinter der Rivalität – eine verborgene Welt geschwisterlicher Gewalt), *The New York Times*, 28. Februar 2006, http://www.nytimes.
com/2006/02/28/health/28sibl.html?pagewanted=all.

8 Ari Odzer, „Brother vs. Brother: Self-Defense?" („Bruder gegen Bruder: Selbstverteidigung?"), *NBC News Miami*, 29. Oktober 2009,
http://www.nbcmiami.com/news/local/Brother-vs-Brother-Self-De-
fense-67288532.html.

9 Associated Press, „Florida Teen Allegedly Kills Younger Brother Over
Loud Music" (Teenager in Florida soll jüngeren Bruder wegen lauter
Musik getötet haben), *FoxNews*, 28. Oktober 2009, http://www.fox-
news.com/story/0,2933,570145,00.html.

10 David Voreacos und David Glovin, „Madoff Confessed to $50 Billion Fraud before FBI Arrest" (Madoff gesteht 50-Mrd.-Dollar-Betrug vor Festnahme durch FBI), *Bloomberg*, 12. Dezember 2008. http://www.bloomberg.com/apps/news?pid=newsarchive&sid=atUk.QnXAvZY.

11 James Bandler und Nicholas Varchaver, „How Bernie Did It" (Wie es Bernie schaffte), *CNN Money*, 30. April 2009. http://money.cnn.com/2009/04/24/news/newsmakers/madoff.fortune.index.htm.

12 Ebd.

13 Ebd.

14 Ebd.

15 Ebd.

16 Robert Frank, Amir Efrati, Arron Lucchetti und Chad Bray, „Madoff Jailed after Admitting Epic Scam" (Madoff inhaftiert nach Eingeständnis weitreichenden Betrugs), *Wall Street Journal*, 13. Mai 2009, http://online.wsj.com/article/SB123685693449906551.html?mod=djemalertNEWS.

17 Ebd.

18 Binyamin Appelbaum, David S. Hilzenrath und Amit R. Paley, „All Just One Big Lie" (Alles nur eine einzige große Lüge), *Washington Post*, 13. Dezember 2008.

19 C. Brand, C. Draper, A. England, S. Bond, E. R. Clendenen, T. C. Bulter und B. Latta, Holman, *Illustrated Bible Dictionary*, Nashville: Holman, 2003, S. 1473–1474.

20 „Ruth and Andrew Madoff", *60 Minutes*, 30. Oktober 2011, http://www.cbsnews.com/video/watch/?id=7386490n.

21 Ebd.

22 Andrea F. Siegel und Kimberly A. C. Wilson, „Malvo Depicted as Sad, Sinister" („Malvo als traurig und finster beschrieben"), *Baltimore Sun*, 14. November 2003. http://www.baltimoresun.com/news/maryland/bal-te.md.malvo14nov14,0,3703556.story?page=1. Und: Andrea F. Siegel und Julie Scharper, „DC Sniper Tells Jury of Lethal Bomb Plots" („D.C.-Heckenschütze erzählt Gericht von tödlichen Bomben-Verschwörungen"), *Los Angeles Times*, 24. Mai 2006. http://articles.latimes.com/2006/may/24/nation/na-sniper24.

23 Josh White, „Notorious Young Sniper Lee Malvo: ‚I was a monster‘" (Berüchtigter jugendlicher Heckenschütze Lee Malvo: ‚Ich war ein

Monster'), *Seattle Times*, Update vom 30. September 2012. http://seattletimes.com/html/nationworld/2019300881_snipermalvo30.html.

24 Ian Sager und Scott Stump, „DC Sniper Lee Boyd Malvo: ‚I was sexually abused by my accomplice'" (D.C.-Heckenschütze Lee Boyd Malvo: Ich wurde von meinem Komplizen sexuell missbraucht), *Today News*, 24. Oktober 2012. http://todaynews.today.com/_news/2012/10/24/14680073-dc-sniperlee-boyd-malvo-i-was-sexually-abused-by-my-accomplice?lite.

25 Matthew Hay Brown, „Accused Boy's Fate a Tale of 2 Fathers" (Schicksal des angeklagten Jungen ist Zwei-Väter-Geschichte), *Hartford Courant*, 27. Oktober 2002. http://articles.courant.com/2002-10-27/news/0210270763_1_leslie-malvo-lee-boyd-malvo-burned-out-traffic-lights.

26 Robert Mendick, „Norway Massacre: The Real Anders Behring Breivik", *The Telegraph*, 31. Juli 2011. http://www.telegraph.co.uk/news/worldnews/europe/norway/8672801/Norway-massacre-the-real-Anders-Behring-Breivik.html.

27 Jon Henley, „Anders Behring Breivik Trial: The Father's Story" (Anders Behring Breivik Prozess: Die Geschichte des Vaters), *The Guardian*, 13. April 2012. http://www.guardian.co.uk/world/2012/apr/13/anders-behring-breivik-norway.

28 „Norway Killer: Anders Behring Breivik was a mummy's boy" (Norwegenkiller: Anders Behring Breivik war ein Muttersöhnchen), *The Telegraph*, 25. Juli 2011. http://www.telegraph.co.uk/news/worldnews/europe/norway/8659746/Norway-killer-Anders-Behring-Breivik-was-amummys-boy.html.

29 „Anders Behring Breivik's Father: ‚My son should have taken his own life'" (Anders Behring Breiviks Vater: Mein Sohn hätte sich das Leben nehmen sollen), *The Telegraph*, 25. Juli 2011. http://www.telegraph.co.uk/news/worldnews/europe/norway/8660397/Anders-Behring-Breiviks-father-Myson-should-have-taken-his-own-life.html.

30 „Eminem's Incredible Rise to Stardom" (Eminems unglaublicher Aufstieg zu Starruhm), *60 Minutes*, 10. Oktober 2010, Update vom 2. August 2011. http://www.cbsnews.com/8301-18560_162-20086920.html?pageNum=3.

31 National Fatherhood Initiative, *Father Facts* (Fakten zu Vätern), Germantown, Md.: National Fatherhood Initiative, 6. Aufl., 2011, S. 18.

32 William S. Aquilino, „The Noncustodial Father-Child Relationship from Adolescence into Young Adulthood" (Die Nicht-sorgeberechtige Vater-Kind-Beziehung von der Pubertät bis ins junge Erwachsenenalter), *Journal of Marriage and Family* 68, Nr. 4 (November 2006), S. 929–946.

33 National Fatherhood Initiative, *Father Facts* (Fakten zu Vätern), Germantown, Md.: National Fatherhood Initiative, 6. Aufl., 2011, S. 66–77.

34 S. Truett Cathy, *It's Better to Build Boys Than Mend Men*, Decatur, Ga.: Looking Glass Books, 2004, S. 10.

35 The Inquisitr, „Stating the obvious, Amy Winehouse fears early death" (Das Offensichtliche aussprechen: Amy Winehouse befürchtet frühen Tod), 28. Dezember 2008. http://www.inquisitr.com/13488/stating-the-obvious-amy-winehouse-fears-early-death.

36 Mitch Winehouse, *Amy, My Daughter* (Meine Tochter Amy), New York: HarperCollins, 2012, S. 53.

37 Ebd.

38 Ebd. S. 72.

39 Ebd.

40 Ebd. S. 20.

41 Ebd. S. 27.

42 Ebd. S. 40.

43 Mitch Winehouse, *Rush of Love*, „Mitch's Biography", http://www.mitchwinehouse.co.uk/about.

44 Josh McDowell, „Rules without Relationships Leads to Rebellion" (Regeln ohne Beziehungen führen zur Rebellion), Power to Change (Kraft zur Veränderung). http://powertochange.com/experience/spiritual-growth/relationships-that-transform-9/.

45 M. Easton, *Easton's Bible Dictionary*, Oak Harbor, Wash.: Logos Research Systems Inc., 1996.

46 Walter A. Elwell, *Baker Commentary on the Bible*, Grand Rapids: Baker, 1989, S. 172.

47 Joyce Ostin, *Hollywood Dads*, San Francisco: Chronicle Books, 2007.

48 Pamela Paul, „From Pornography to Porno to Porn: How Porn Became the Norm" (Von der Pornografie über den Porno zu den Pornos: Wie Pornos die Norm wurden), in: *The Social Costs of Pornography: A Collection of Papers* (Die gesellschaftlichen Kosten der Pornografie), Princeton, N. J.: Witherspoon Institute, Inc., 2010.

49 Ebd.

50 Bill Perkins, *When Good Men Are Tempted,* Zondervan, 1997, S. 123.

51 Anmerk.: So in der weniger bekannten Verfilmung von 1960. Die
    Verfilmung von 1986 bietet selbst in ihren alternativen Enden keinen
    solchen von Warren beschriebenen Ausgang mit Messer.

52 Perkins, a. a. O., S. 129.

53 William Evans, The Great Doctrines of the Bible (Die großen Lehren
    der Bibel), Chicago: Moody Press, 1974, S. 319.

54 National Fatherhood Initiative, Pop's Culture: A National Survey of
    Dads' Attitudes on Fathering (Papas Kultur: Eine landesweite Un-
    tersuchung der Einstellungen von Vätern zum Vatersein), German-
    town, Md.: National Fatherhood Initiative, 2006, S. 16.

55 Stephen R. Covey, *The 8th Habit: From Effectiveness to Greatness,*
    New York: Free Press, 2004, S. 165.

56 Roland C. Warren, „Are You Robbing Your Kids?" („Berauben Sie Ihre
    Kinder?"), *The Father Factor* (Der Faktor Vater), National Fatherhood
    Initiative, 21. April 2011. http://blog.fatherhood.org/bid/135524/Are-
    You-Trying-to-Rob-Your-Kids. Abdruck mit Genehmigung.

57 Allen G. Breed und Binaj Gurubacharya, „Everest Remains Deadly
    Draw for Climbers" (Everest bleibt tödliche Attraktion für Kletter-
    rer), *USA Today,* 16. Juli 2006. http://usatoday30.usatoday.com/tech/
    science/2006-07-16-everest-david-sharp_x.htm.

58 Siehe Allen G. Breed und Binaj Gurubacharya, „Everest Remains
    Deadly Draw for Climbers".

59 Christian A. Scheller, „Q & A: John Piper on Racism, Reconciliation,
    and Theology after Trayvon Martin's Death" (Frage und Antwort:
    John Piper zu Rassismus, Versöhnung und Theologie nach Trayvon
    Martins Tod), *Christianity Today*, 30. März 2012. http://www.christi-
    anitytoday.com/ct/2012/marchwebonly/john-piper-racism-reconci-
    liation.html?start=3.

60 Siehe: Christian A. Scheller.

61 „Become a Double Duty Dad" (Werde ein doppelt verpflichteter
    Vater), National Fatherhood Initiative. http://www.fatherhood.org/
    double-duty-dad.

62 „Closing the Mentoring Gap" (Die Betreuungslücke schließen), *Men-
    tor*. http://www.mentoring.org/about_mentor/value_of_mentoring/
    closing_the_mentoring_gap.

63 J. B. Grossman und J. E. Rhodes, „The Test of Time: Predictors and Effects of Duration in Youth Mentoring Programs" (Ausdauertest: Aussichten und Folgen der Zeitdauer in Programmen zur Begleitung von Jugendlichen), *American Journal of Community Psychology*, 30 (2002), S. 196–206.

64 Roland Warren, „Dads Healing Holes and Wounded Souls" (Väter, die Löcher und verwundete Seelen heilen), *Sojourners*, 15. Juni 2009. http://sojo.net/blogs/2009/06/15/dadshealing-holes-and-wounded-souls. Abdruck mit Erlaubnis.

Dank

Zuallererst bin ich Gott dankbar, der der Anfänger und Vollender meines Glaubens ist … und dieses Buches. Er hat mich mit der Idee zu diesem Buch vor vielen Jahren freundlich gesegnet. Ein Buch zu schreiben war allerdings, zumal es mein erstes war, ein herausforderndes Unterfangen. Ich bin der Typ Mensch, der ständig in Bewegung ist, und es bedurfte einiger Anstrengungen, die Ruhe aufzubringen, die das Verfassen eines Buches benötigt. Offen gesagt ist es mir peinlich, einzugestehen, dass ich einen oder zwei „Mose-Momente" hatte, in denen ich hoffte, Gott würde jemanden anderen finden, der tun würde, was er offensichtlich von mir erwartete. Doch Gott sandte mir, wie ein guter Vater das tut, genau die richtige Mischung von „Aarons" in mein Leben; sie erschienen zum richtigen Zeitpunkt, um mich zu ermutigen, als es nötig war, und um mir einen liebevollen, aber schwungvollen Tritt in den Hintern zu geben, damit ich in Bewegung blieb. Dafür bin ich ewig dankbar.

Sicherlich war mein Pastor Dale O'Shields von der Church of the Redeemer in Gaithersburg, Maryland, einer dieser wichtigen Leute. Als ich ihm von der Idee zu diesem Buch erzählte, sagte er sofort begeistert: „Das musst du unbedingt schreiben!" Der Schriftsteller Don Miller war solch ein anderer Freund. Genau zum richtigen Zeitpunkt sandte er mir ein fantastisches Buch mit dem Titel *The War of Art* (Der Krieg der Kunst), das ein überzeugendes „Tue es einfach"-Handbuch für jedermann ist, der etwas Kreatives tun möchte. Darüber hinaus bin ich wirklich dankbar für die Unterstützung von Vince DiCaro, der mit mir an vielen literarischen Projekten zusammengearbeitet hat während meiner Zeit bei der National Fatherhood Initiative. Trotz seines beängstigenden Terminkalenders und seiner Verantwortung als Ehemann und Vater verwandte er Nächte und Wochenenden darauf, das Manuskript zu lesen, Tippfehler zu finden, Infinitive aufzuspalten und sicherzustellen, dass ich mich auf eine Weise ausdrückte, die Väter packt und ermutigt.

An der Zondervan-Front schulde ich Don Gates, dem Vizepräsidenten des Bereiches Marketing Buchhandel, besonderen Dank, der sich innerhalb seiner Firma für dieses Projekt eingesetzt hat. Ebenfalls danken möchte ich Carolyn McCready, Lori Vanden Bosch, Jim Ruark und Londa Alderink für ihre großartige Unterstützung bei der Herausgabe und im Marketing, um sicherzustellen, dass dieses Buch Gott ehren und die Leser begeistern kann.

Außerdem möchte ich meinen Söhnen Jamin und Justin danken, die für eine ganze Reihe von Geschichten und Einsichten in diesem Buch gesorgt haben und die vergebungsbereit waren, als ich auf meinem Weg als Vater einen oder zwei der Fehler der „schlechten Väter" gemacht habe. Ihr Vater zu sein, ist eine große Freude und ein Vergnügen, und ich bin Gott dankbar für die Gelegenheit, an ihrem Leben Anteil zu haben und sie in meinem Leben zu haben.

Schließlich möchte ich meiner Frau Yvette danken für ihre ausdauernde Liebe, Ermutigung und Unterstützung. Sie hat mit Gebet und Geduld die Gedanken dieses Buches mit mir durchgesprochen, jedes Kapitel gelesen und von Zeit zu Zeit gesagt: „Ach, nicht so viel", sodass Gedanken besser, verständlicher und praktikabler wurden. In der Bibel heißt es: „Wer eine Ehefrau gefunden hat, der hat etwas Gutes gefunden und Wohlgefallen erlangt vom Herrn." Meine Frau beweist die Wahrheit dieser Verheißung täglich in schönster Weise.

Über den Autor

Roland Warren wurde in Toledo, Ohio, geboren und studierte vor dem Vordiplom an der Princeton University und erlangte seinen Magister an der Wharton School of Business der University of Pennsylvania. Nachdem er fast zwanzig Jahre in der Wirtschaft für IBM, PepsiCo und Goldman Sachs & Co. gearbeitet hatte, war er mehr als ein Jahrzehnt lang Präsident der National Fatherhood Initiative (NFI), deren Auftrag es ist, das Wohl von Kindern zu fördern, indem sie den Anteil von Kindern steigert, die mit eingebundenen, verantwortungsbewussten und hingebungsvollen Vätern aufwachsen. Die NFI ist heute der Hauptanbieter von Materialien im Bereich des Vaterseins und hilft Vätern, ihre Fähigkeiten und Beziehungen zu verbessern.

Roland Warren ist gegenwärtig Präsident und Geschäftsführer von Care Net, dessen 1180 Zentren es zu einem der größten Netzwerke von Einrichtungen der Schwangerschaftsbetreuung machen und die Niederlassungen in den USA und Kanada unterhält. Care Nets christuszentrierter Auftrag besteht darin, innerhalb unserer Gesellschaft eine Kultur des Lebens zu fördern, um Frauen und Männern zu dienen, die mit einer ungewollten Schwangerschaft konfrontiert sind.

Roland Warren ist ein gefragter Interviewgast in den landesweiten Medien zu Themen, die von Vatersein bis zu

Fragen zu Ehe und Familie reichen. Er trat u. a. auf in der *Oprah Winfrey Show, Oprah's Life Classes, der Today Show, Fox and Friends,* auf CNN, C-Span, Fox News Channel und bei Black Entertainment Television. Er wurde von großen Radiosendern und Zeitungen interviewt (wie der *New York Times*, dem *Wall Street Journal, USA Today*, der *Washington Post*, dem *O magazine, Ebony, Sports Illustrated, Christianity Today, Essence*, in der *Tavis Smiley Show, Life Style, Janet Parshall's America, Focus on the Family* und *Disney Radio).*

Roland Warren ist aktiv in Kirche, Kommune und bürgerschaftlichen Aktivitäten. Er arbeitet mit in der Fatherhood Task Force of the White House Office of Faith-Based and Neighborhood Partnerships (Arbeitsgruppe des Büros des Weißen Hauses zu Fragen des Vaterseins auf Grundlage des Glaubens und Fragen nachbarschaftlicher Zusammenarbeit) und für das Justizministerium im Coordinating Council of Juvenile Justice and Delinquency Prevention (Koordinierungsrat für Jugendstrafvollzug und Vorbeugung von Straftaten). Er gehört gegenwärtig zum Vorstand von World Vision, National Fatherhood Initiative und Christian Union. Er wohnt in Middletown, Maryland, ist seit über dreißig Jahren verheiratet mit Dr. Yvette Lopez-Warren und hat zwei erwachsene Söhne Jamin und Justin.

Verlagsgruppe Random House FSC® N001967
Das für dieses Buch verwendete
FSC®-zertifizierte Papier *Munken Premium Cream*
liefert Arctic Paper Munkedals AB, Schweden.

Die amerikanische Originalausgabe erschien unter dem Titel
„Bad Dads of the Bible. 8 Mistakes every good Dad can avoid".
Published by arrangement with The Zondervan Corporation L.L.C.,
a subsidiary of HarperCollins Christian Publishing, Inc.
W Publishing Group is a registered trademark of Zondervan,
Grand Rapids, Michigan, USA.
Copyright © 2013 by Roland C. Warren

© 2015 der deutschen Ausgabe by Gerth Medien GmbH, Asslar,
in der Verlagsgruppe Random House GmbH, München

Die Verlagsgruppe Random House weist ausdrücklich darauf hin, dass im
Text enthaltene externe Links vom Verlag nur bis zum Zeitpunkt der Buch-
veröffentlichung eingesehen werden konnten. Auf spätere Veränderungen hat
der Verlag keinerlei Einfluss. Eine Haftung des Verlags für externe Links ist
stets ausgeschlossen.
Die Bibelzitate wurden, wenn nicht anders angegeben, folgender Übersetzung
entnommen: Hoffnung für alle®, Copyright © 1983, 1996, 2002 by Biblica Inc.®.
Verwendet mit freundlicher Genehmigung von 'fontis – Brunnen Basel.
Alle weiteren Rechte weltweit vorbehalten.
Weiterhin wurden folgende Bibelübersetzungen verwendet:
Lutherbibel, revidierter Text 1984, durchgesehene Ausgabe,
© 1999 Deutsche Bibelgesellschaft, Stuttgart (LÜ).
Gute Nachricht Bibel, durchgesehene Ausgabe,
© 2000 Deutsche Bibelgesellschaft, Stuttgart (GNB).

1. Auflage 2015
Bestell-Nr. 817042
ISBN 978-3-95734-042-9

Umschlaggestaltung: Yannick Schneider
Satz: Uhl + Massopust GmbH, Aalen
Druck und Verarbeitung: CPI – Ebner & Spiegel, Ulm
Printed in Germany